电子信息基础
——原理、设计与仿真

主　编　荣传振
参　编　许凤慧　朱　莹
　　　　王金明　贾永兴

东南大学出版社
SOUTHEAST UNIVERSITY PRESS
·南京·

内 容 提 要

本书是根据高等学校电子信息类课程要求和实验教学改革要求,结合编者多年的教学实践经验编著的"电子信息基础——原理、设计与仿真"课程教材。

编者根据多年的教学经验和教学要求,对教材的内容取舍和章节安排进行了精心设计。教材以理论课为依据编排内容,注重基础知识教学,注重学习兴趣引导。本书以实际操作为主,同时将 Multisim 仿真软件引入实验中,使学生既能通过基本实验掌握电子测量的基本技能,又能利用仿真软件完成实验的设计计算。

图书在版编目(CIP)数据

电子信息基础:原理、设计与仿真 / 荣传振主编. — 南京:东南大学出版社,2021.12(2024.10重印)
 ISBN 978-7-5641-9698-1

Ⅰ.①电… Ⅱ.①荣… Ⅲ.①电子信息—高等学校—教材 Ⅳ.①G203

中国版本图书馆 CIP 数据核字(2021)第 194229 号

责任编辑:朱 珉 责任校对:杨 光 封面设计:顾晓阳 责任印制:周荣虎

电子信息基础——原理、设计与仿真

主　　编	荣传振
出版发行	东南大学出版社
社　　址	南京市四牌楼2号(邮编:210096 电话:025-83793330)
经　　销	全国各地新华书店
印　　刷	苏州市古得堡数码印刷有限公司
开　　本	700 mm×1000 mm 1/16
印　　张	13.25
字　　数	260 千字
版　　次	2021年12月第1版
印　　次	2024年10月第2次印刷
书　　号	ISBN 978-7-5641-9698-1
定　　价	42.00元

本社图书若有印装质量问题,请直接与营销部联系,电话:025-83791830。

前　言

  本书是根据高等学校电子信息类课程要求和实验教学改革要求,结合编者多年的教学实践经验编著的"电子信息基础——原理、设计与仿真"课程教材。

  编者根据多年的教学经验和教学要求,对教材的内容取舍和章节安排进行了精心设计。教材以理论课为依据编排内容,注重基础知识教学,注重学习兴趣引导。本书以实际操作为主,同时将 Multisim 仿真软件引入实验中,使学生既能通过基本实验掌握电子测量的基本技能,又能利用仿真软件完成实验的设计计算。

  全书共分 5 章,能够满足 30~50 学时的电子信息基础实验教学的要求。

  第 1 章主要介绍了电路基础实验,这些实验涵盖了"电路分析基础"课程中的经典教学内容,可以作为理论教学的有力支撑。书中对每个实验的基本原理都进行了详细的介绍,而且大部分实验都包括 Multisim 仿真分析部分的内容,授课时可根据实际情况自行选择。同时鼓励学生利用仿真软件边学边做,进行实验预习,完成实验中相关理论值的计算。

  第 2 章主要介绍了信号与系统实验,共 8 个实验专题。内容涵盖系统的单位冲激响应与阶跃响应、系统的暂态响应、周期信号的分解与合成、系统频域特性的测量、无失真传输、信号抽样与恢复等内容。通过相关实验,可以使学生了解和掌握信号与系统最基本的研究方法,训练学生的动手能力,加深学生对理论知识的理解。同时,大部分实验都包括 Multisim 仿真分析部分的内容。

  第 3 章介绍模拟电子电路实验。本章内容主要是为了巩固模拟电子电路理论知识的学习,培养基本实验技能,提高运用理论知识分析问题和解决问题的能力。本章共 8 个实验专题,内容涵盖分立元件电路、集成运算放大电路、波形产生电路以及集成功率放大电路等内容,大部分实验都包括 Multisim 仿真分析,建议学生在实验预习时,自己完成 Multisim 仿真分析部分的内容,边学边做。

  第 4 章介绍数字电路实验,共 8 个实验专题,内容涵盖了门电路、组合逻辑电路、中规模集成电路等内容。既包括验证性实验,又有设计性实验。通过相关实验不仅能巩固和加深理解所学的数字电子技术知识,更重要的是建立科学实证思维。

  第 5 章主要介绍 Multisim 仿真软件在电子信息基础实验中的应用,便于学生掌握 Multisim 仿真软件的使用技巧,并能使用 Multisim 进行电子电路的设计与仿真。

  本书各章节和实验相对独立,便于根据教学需要选择不同教学内容。本书最大的特点是以实际操作为主,同时把 Multisim 仿真引入到实验中,使学生既能通过基本实验掌握电子测量的基本技能,又能利用仿真软件完成实验的设计计算。注重学生实践技能和创新能力培养。

本书由荣传振主编,许凤慧、朱莹、王金明、贾永兴参与了本书的编写。其中许凤慧负责第一章的编写,朱莹负责第二章的编写,荣传振负责第三章的编写,王金明负责第四章的编写,贾永兴负责第五章的编写。荣传振校阅了全书初稿,并对全书进行了统稿。本书在编写过程中得到了陆军工程大学通信工程学院领导和专家的关心和支持,在此表示感谢。

感谢东南大学出版社编辑朱珉老师在本书出版过程中的大力支持。由于编者水平有限,本书难免存在错误和不妥之处,恳请读者批评指正。

编 者
2021 年 7 月

目 录

1 电路基础实验 (1)

1.1 元器件的检测及常用仪表的使用 (1)
- 1.1.1 实验目的 (1)
- 1.1.2 实验原理 (1)
- 1.1.3 实验内容与步骤 (6)
- 1.1.4 Multisim 仿真分析 (8)
- 1.1.5 实验设备 (9)
- 1.1.6 预习要求 (9)
- 1.1.7 实验报告要求 (10)
- 1.1.8 思考题 (10)

1.2 基尔霍夫定律的验证 (10)
- 1.2.1 实验目的 (10)
- 1.2.2 实验原理 (10)
- 1.2.3 实验内容与步骤 (11)
- 1.2.4 Multisim 仿真分析 (11)
- 1.2.5 实验设备 (13)
- 1.2.6 预习要求 (13)
- 1.2.7 实验报告要求 (13)
- 1.2.8 思考题 (13)

1.3 线性电路特性的研究 (13)
- 1.3.1 实验目的 (13)
- 1.3.2 实验原理 (14)
- 1.3.3 实验内容与步骤 (15)
- 1.3.4 实验设备 (16)
- 1.3.5 预习要求 (16)
- 1.3.6 实验报告要求 (17)
- 1.3.7 思考题 (17)

1.4 等效电源定理的研究 (17)
1.4.1 实验目的 (17)
1.4.2 实验原理 (17)
1.4.3 实验内容与步骤 (18)
1.4.4 Multisim 仿真分析 (22)
1.4.5 实验设备 (23)
1.4.6 预习要求 (23)
1.4.7 实验报告要求 (23)
1.4.8 思考题 (24)

1.5 典型信号的观测与测量 (24)
1.5.1 实验目的 (24)
1.5.2 实验原理 (25)
1.5.3 实验内容与步骤 (27)
1.5.4 Multisim 仿真分析 (30)
1.5.5 实验设备 (32)
1.5.6 预习要求 (32)
1.5.7 实验报告要求 (32)
1.5.8 思考题 (32)

1.6 正弦稳态电路的研究 (33)
1.6.1 实验目的 (33)
1.6.2 实验原理 (33)
1.6.3 实验内容与步骤 (34)
1.6.4 实验设备 (37)
1.6.5 预习要求 (37)
1.6.6 实验报告要求 (37)
1.6.7 思考题 (37)

1.7 互感耦合电路的研究 (37)
1.7.1 实验目的 (37)
1.7.2 实验原理 (38)
1.7.3 实验内容与步骤 (40)
1.7.4 实验设备 (42)
1.7.5 预习要求 (42)
1.7.6 实验报告要求 (42)
1.7.7 思考题 (42)

1.8 串、并联谐振电路的研究 …………………………………………… (42)
    1.8.1 实验目的 ……………………………………………………… (42)
    1.8.2 实验原理 ……………………………………………………… (43)
    1.8.3 实验内容与步骤 ……………………………………………… (45)
    1.8.4 实验设备 ……………………………………………………… (48)
    1.8.5 预习要求 ……………………………………………………… (48)
    1.8.6 实验报告要求 ………………………………………………… (48)
    1.8.7 思考题 ………………………………………………………… (49)

2 信号与系统实验 …………………………………………………… (50)

2.1 一阶动态电路的暂态响应 ………………………………………… (50)
    2.1.1 实验目的 ……………………………………………………… (50)
    2.1.2 实验原理 ……………………………………………………… (50)
    2.1.3 实验内容与步骤 ……………………………………………… (53)
    2.1.4 Multisim 仿真分析 …………………………………………… (54)
    2.1.5 实验设备 ……………………………………………………… (57)
    2.1.6 预习要求 ……………………………………………………… (57)
    2.1.7 实验报告要求 ………………………………………………… (58)
    2.1.8 思考题 ………………………………………………………… (58)

2.2 LTI 系统的单位冲激响应和阶跃响应 …………………………… (58)
    2.2.1 实验目的 ……………………………………………………… (58)
    2.2.2 实验原理 ……………………………………………………… (58)
    2.2.3 实验内容与步骤 ……………………………………………… (60)
    2.2.4 Multisim 仿真分析 …………………………………………… (62)
    2.2.5 实验设备 ……………………………………………………… (64)
    2.2.6 预习要求 ……………………………………………………… (64)
    2.2.7 实验报告要求 ………………………………………………… (65)
    2.2.8 思考题 ………………………………………………………… (65)

2.3 周期信号频谱分析 ………………………………………………… (65)
    2.3.1 实验目的 ……………………………………………………… (65)
    2.3.2 实验原理 ……………………………………………………… (65)
    2.3.3 实验内容与步骤 ……………………………………………… (69)
    2.3.4 Multisim 仿真分析 …………………………………………… (70)
    2.3.5 实验设备 ……………………………………………………… (73)

2.3.6 预习要求 …………………………………………………… (73)
2.3.7 实验报告要求 ……………………………………………… (73)
2.4 周期矩形信号的分解与合成 ………………………………… (73)
2.4.1 实验目的 …………………………………………………… (73)
2.4.2 实验原理 …………………………………………………… (73)
2.4.3 实验内容与步骤 …………………………………………… (75)
2.4.4 实验设备 …………………………………………………… (76)
2.4.5 预习要求 …………………………………………………… (76)
2.4.6 实验报告要求 ……………………………………………… (76)
2.4.7 思考题 ……………………………………………………… (77)
2.5 系统频域特性的测量 ………………………………………… (77)
2.5.1 实验目的 …………………………………………………… (77)
2.5.2 实验原理 …………………………………………………… (77)
2.5.3 实验内容与步骤 …………………………………………… (78)
2.5.4 Multisim 仿真分析 ………………………………………… (79)
2.5.5 实验设备 …………………………………………………… (81)
2.5.6 预习要求 …………………………………………………… (81)
2.5.7 实验报告要求 ……………………………………………… (81)
2.5.8 思考题 ……………………………………………………… (82)
2.6 无失真传输 …………………………………………………… (82)
2.6.1 实验目的 …………………………………………………… (82)
2.6.2 实验原理 …………………………………………………… (82)
2.6.3 实验内容与步骤 …………………………………………… (83)
2.6.4 Multisim 仿真分析 ………………………………………… (84)
2.6.5 实验设备 …………………………………………………… (87)
2.6.6 预习要求 …………………………………………………… (87)
2.6.7 实验报告要求 ……………………………………………… (87)
2.6.8 思考题 ……………………………………………………… (88)
2.7 无源滤波器 …………………………………………………… (88)
2.7.1 实验目的 …………………………………………………… (88)
2.7.2 实验原理 …………………………………………………… (88)
2.7.3 实验内容与步骤 …………………………………………… (89)
2.7.4 Multisim 仿真分析 ………………………………………… (91)
2.7.5 实验设备 …………………………………………………… (92)

2.7.6 预习要求 …………………………………………………………… (93)
   2.7.7 实验报告要求 ………………………………………………………… (93)
   2.7.8 思考题 ……………………………………………………………… (93)
  2.8 抽样定理与信号恢复 ……………………………………………………… (93)
   2.8.1 实验目的 ……………………………………………………………… (93)
   2.8.2 实验原理 ……………………………………………………………… (93)
   2.8.3 实验内容与步骤 ……………………………………………………… (95)
   2.8.4 Multisim 仿真分析 …………………………………………………… (97)
   2.8.5 实验设备 ……………………………………………………………… (99)
   2.8.6 预习要求 ……………………………………………………………… (99)
   2.8.7 实验报告要求 ………………………………………………………… (99)
   2.8.8 思考题 ………………………………………………………………… (99)

3 模拟电路实验 …………………………………………………………… (100)
  3.1 单级放大电路 …………………………………………………………… (100)
   3.1.1 实验目的 …………………………………………………………… (100)
   3.1.2 实验原理 …………………………………………………………… (100)
   3.1.3 实验内容与步骤 …………………………………………………… (105)
   3.1.4 Multisim 仿真分析 ………………………………………………… (107)
   3.1.5 实验设备 …………………………………………………………… (111)
   3.1.6 预习要求 …………………………………………………………… (111)
   3.1.7 实验报告要求 ……………………………………………………… (111)
   3.1.8 思考题 ……………………………………………………………… (111)
  3.2 负反馈放大电路 ………………………………………………………… (112)
   3.2.1 实验目的 …………………………………………………………… (112)
   3.2.2 实验原理 …………………………………………………………… (112)
   3.2.3 实验内容与步骤 …………………………………………………… (113)
   3.2.4 Multisim 仿真分析 ………………………………………………… (115)
   3.2.5 实验设备 …………………………………………………………… (117)
   3.2.6 预习要求 …………………………………………………………… (118)
   3.2.7 实验报告要求 ……………………………………………………… (118)
   3.2.8 思考题 ……………………………………………………………… (118)
  3.3 差分放大电路 …………………………………………………………… (118)
   3.2.1 实验目的 …………………………………………………………… (118)

3.3.2　实验原理 ……………………………………………………………… (118)
　　3.3.3　实验内容与步骤 ……………………………………………………… (120)
　　3.3.4　Multisim 仿真分析 …………………………………………………… (122)
　　3.3.5　实验设备 ……………………………………………………………… (124)
　　3.3.6　预习要求 ……………………………………………………………… (124)
　　3.3.7　实验报告要求 ………………………………………………………… (124)
　　3.3.8　思考题 ………………………………………………………………… (124)
3.4　信号运算电路：比例求和运算电路 …………………………………………… (124)
　　3.4.1　实验目的 ……………………………………………………………… (124)
　　3.4.2　实验原理 ……………………………………………………………… (125)
　　3.4.3　实验内容与步骤 ……………………………………………………… (128)
　　3.4.4　Multisim 仿真分析 …………………………………………………… (130)
　　3.4.5　实验设备 ……………………………………………………………… (132)
　　3.4.6　预习要求 ……………………………………………………………… (132)
　　3.4.7　实验报告要求 ………………………………………………………… (132)
　　3.4.8　思考题 ………………………………………………………………… (132)
3.5　信号运算电路：积分和微分运算电路 ………………………………………… (132)
　　3.5.1　实验目的 ……………………………………………………………… (132)
　　3.5.2　实验原理 ……………………………………………………………… (133)
　　3.5.3　实验内容与步骤 ……………………………………………………… (134)
　　3.5.4　Multisim 仿真分析 …………………………………………………… (135)
　　3.5.5　实验设备 ……………………………………………………………… (137)
　　3.5.6　预习要求 ……………………………………………………………… (137)
　　3.5.7　实验报告要求 ………………………………………………………… (137)
　　3.5.8　思考题 ………………………………………………………………… (137)
3.6　电压比较器 ……………………………………………………………………… (137)
　　3.6.1　实验目的 ……………………………………………………………… (137)
　　3.6.2　实验原理 ……………………………………………………………… (137)
　　3.6.3　实验内容与步骤 ……………………………………………………… (140)
　　3.6.4　Multisim 仿真分析 …………………………………………………… (141)
　　3.6.5　实验设备 ……………………………………………………………… (142)
　　3.6.6　预习要求 ……………………………………………………………… (142)
　　3.6.7　实验报告要求 ………………………………………………………… (142)
　　3.6.8　思考题 ………………………………………………………………… (143)

3.7 波形产生电路 …………………………………………………… (143)
- 3.7.1 实验目的 ……………………………………………… (143)
- 3.7.2 实验原理 ……………………………………………… (143)
- 3.7.3 实验内容与步骤 ……………………………………… (145)
- 3.7.4 Multisim 仿真分析 …………………………………… (146)
- 3.7.5 实验设备 ……………………………………………… (148)
- 3.7.6 预习要求 ……………………………………………… (148)
- 3.7.7 实验报告要求 ………………………………………… (148)
- 3.7.8 思考题 ………………………………………………… (149)

3.8 集成功率放大电路 …………………………………………… (149)
- 3.8.1 实验目的 ……………………………………………… (149)
- 3.8.2 实验原理 ……………………………………………… (149)
- 3.8.3 实验内容与步骤 ……………………………………… (151)
- 3.8.4 实验设备 ……………………………………………… (152)
- 3.8.5 预习要求 ……………………………………………… (152)
- 3.8.6 实验报告要求 ………………………………………… (152)
- 3.8.7 思考题 ………………………………………………… (153)

4 数字逻辑电路实验 …………………………………………………… (154)

4.1 数字逻辑实验箱的使用 ……………………………………… (154)
- 4.1.1 实验目的 ……………………………………………… (154)
- 4.1.2 预习要求 ……………………………………………… (154)
- 4.1.3 实验器材 ……………………………………………… (154)
- 4.1.4 实验原理 ……………………………………………… (154)
- 4.1.5 实验内容及步骤 ……………………………………… (156)

4.2 门电路及其功能测试 ………………………………………… (158)
- 4.2.1 实验目的 ……………………………………………… (158)
- 4.2.2 实验仪器及器材 ……………………………………… (158)
- 4.2.3 预习要求 ……………………………………………… (158)
- 4.2.4 实验内容及步骤 ……………………………………… (159)
- 4.2.5 实验报告 ……………………………………………… (162)

4.3 组合逻辑电路设计 …………………………………………… (163)
- 4.3.1 实验目的 ……………………………………………… (163)
- 4.3.2 实验仪器及器材 ……………………………………… (163)

- 4.3.3 预习要求 …… (163)
- 4.3.4 实验内容及步骤 …… (163)
- 4.3.5 实验报告 …… (166)

4.4 MSI 译码器及其应用 …… (166)
- 4.4.1 实验目的 …… (166)
- 4.4.2 实验仪器及器材 …… (166)
- 4.4.3 预习要求 …… (166)
- 4.4.4 实验内容及步骤 …… (166)
- 4.4.5 实验报告 …… (168)

4.5 数据选择器及其应用 …… (168)
- 4.5.1 实验目的 …… (168)
- 4.5.2 实验仪器及器材 …… (168)
- 4.5.3 预习要求 …… (169)
- 4.5.4 实验内容及步骤 …… (169)
- 4.5.5 实验报告 …… (170)

4.6 触发器及其应用 …… (170)
- 4.6.1 实验目的 …… (170)
- 4.6.2 实验仪器及器材 …… (170)
- 4.6.3 实验内容及步骤 …… (170)
- 4.6.4 实验报告 …… (173)

4.7 MSI 计数器 …… (173)
- 4.7.1 实验目的 …… (173)
- 4.7.2 实验仪器及器材 …… (173)
- 4.7.3 预习要求 …… (174)
- 4.7.4 实验原理 …… (174)
- 4.7.5 实验内容及步骤 …… (177)
- 4.7.6 报告要求 …… (179)
- 4.7.7 思考题 …… (179)

4.8 移位寄存器 …… (179)
- 4.8.1 实验目的 …… (179)
- 4.8.2 实验仪器及器材 …… (179)
- 4.8.3 实验原理 …… (180)
- 4.8.4 实验内容及步骤 …… (181)
- 4.8.5 实验报告 …… (181)

5 Multisim 在电子信息基础实验中的应用 …………………………………… (182)
5.1 Multisim14 操作界面 ……………………………………………………… (182)
5.2 用 Multisim 建立仿真电路 ……………………………………………… (183)
5.2.1 元器件的操作 ……………………………………………………… (184)
5.2.2 导线的操作 ………………………………………………………… (186)
5.3 Multisim 仪器仪表的使用 ……………………………………………… (186)
5.4 Multisim 电路分析方法 ………………………………………………… (189)
5.4.1 基本分析功能 ……………………………………………………… (189)
5.4.2 分析方法 …………………………………………………………… (191)

参考文献 ……………………………………………………………………………… (196)

1 电路基础实验

1.1 元器件的检测及常用仪表的使用

1.1.1 实验目的

（1）识别常用电子元器件,学习使用万用电表测量电阻、电容、电感的方法。
（2）学习直流稳压电源的使用方法。
（3）学习使用万用电表测量直流电压、直流电流的方法。
（4）初步学习 Multisim 软件的使用方法。

1.1.2 实验原理

1）电阻器

电阻器是电子电路中使用最多的元件之一,主要用于控制和调节电路中的电压和电流,用作负载电阻和阻抗匹配等。

电阻器种类繁多。按结构形式可分为固定电阻和可变电阻,固定电阻一般称为"电阻",可变电阻常称作"电位器",如图 1.1.1 所示。按材料可分为碳膜电阻、金属膜电阻和线绕电阻等。按误差范围可分为精度为±5%、±10%、±20%等的普通电阻,精度为±0.1%、±0.2%、±0.5%、±1%、±2%等的精密电阻。电阻的类别可以通过外观的标记识别。

(a) 固定电阻　　　(b) 电位器

图 1.1.1　电阻器的符号表示

（1）电阻器的标称阻值

电阻器的常用单位为欧姆(Ω)、千欧(kΩ)和兆欧(MΩ)。标称阻值是指在进行电阻的生产过程中,按一定的规格生产电阻系列,如表 1.1.1 所示,电阻值的标称值应为表中数字的 10^n,其中 n 为正整数、负整数或零,现在最常见的为 E24 系列,其精度为±5%。

表 1.1.1 电阻器(电位器)、电容器标称值系列

系 列	允许误差	标称值
E24	Ⅰ级(±5%)	1.0 1.1 1.2 1.3 1.5 1.6 1.8 2.0 2.2 2.4 2.7 3.0 3.3 3.6 3.9 4.3 4.7 5.1 5.6 6.2 6.8 7.5 8.2 9.1
E12	Ⅱ级(±10%)	1.0 1.2 1.5 1.8 2.2 2.7 3.3 3.9 4.7 5.6 6.8 8.2
E6	Ⅲ级(±20%)	1.0 1.5 2.2 3.3 4.7 6.8

(2) 电阻器的标识

电阻器的标称阻值和允许误差一般都标注在电阻体上,常见的标注方法有以下几种。

① 直标法:直接把电阻阻值和误差用数字或字母印在电阻上,如 75 kΩ±10%,100 ΩI(I 为误差±5%),没有印误差等级则一律表示误差为±20%。

② 色标法:将不同颜色的色环涂在电阻体上来表示电阻的标称值及允许误差。色环电阻上各种颜色代表的阻值和误差如表 1.1.2 所示。

表 1.1.2 色标法中颜色符号意义

颜色	有效数字	倍乘数	允许偏差(%)	颜色	有效数字	倍乘数	允许偏差(%)
棕	1	10^1	±1	灰	8	10^8	—
红	2	10^2	±2	白	9	10^9	—
橙	3	10^3	—	黑	0	10^0	—
黄	4	10^4	—	金	—	10^{-1}	±5
绿	5	10^5	±0.5	银	—	10^{-2}	±10
蓝	6	10^6	±0.2	无色	—	—	±20
紫	7	10^7	±0.1				

色标法常见有四色环法和五色环法。四色环法一般用于普通电阻器标注,五色环法一般用于精密电阻器标注。色环标志读数识别规则如图 1.1.2 所示。

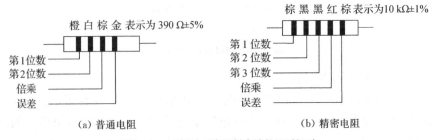

图 1.1.2 固定电阻色环标志读数识别规则

(3) 电阻器的额定功率

电流流过电阻器时会使电阻器产生热量,在规定温度下,电阻器在电路中长期连续工作所允许消耗的最大功率称为额定功率。有两种标识方法:2 W 以上的电阻,直接用数字印在电阻体上;2 W 以下的电阻,以自身体积大小来表示功率,体积越大,额定功率越大。

2) 电容器

电容器是由两个相互靠近的金属导体中间夹一层不导电的绝缘介质组成,它是一种储能元件,在电路中作隔绝直流、耦合交流、旁路交流等用。

电容器按不同的分类方法,可分为不同种类。如按介质材料可分为瓷质、涤纶、电解、气体和液体电容器;按结构可分为固定电容器、可变电容器和半可变电容器,如图 1.1.3 所示,其中(a)中有"+"的为电解电容,它有极性。由于结构和材料的不同,电容器外形也有较大的区别。

(a) 固定电容　　　　(b) 可变电容　　　　(c) 半可变电容

图 1.1.3　电容器的符号表示

(1) 电容器型号命名方法

电容器的型号命名方法根据 GB 2470—1995,分为四个部分表示。

(2) 电容器的标称容量和容许误差

电容器的常用单位有法拉(F)、微法(μF)、纳法(nF)和皮法(pF),电容量单位换算关系为:$1 F=10^6 \mu F=10^9 nF=10^{12} pF$。标称容量是标识在电容器上的电容量,我国固定电容器标称容量系列为 E24、E12 和 E6。不同材料制造的电容器其标称容量系列也不一样,高频瓷质和涤纶电容器的标称容量系列采用 E24 系列,而电解电容器标称容量系列采用 E6 系列。

电容器误差一般分为三级,即Ⅰ级,±5%;Ⅱ级,±10%;Ⅲ级,±20%。电解电容的误差允许范围较宽,可达-20%～+50%。

(3) 电容器的标识方法

电容的容量,一般都标在电容器上,有的还标出误差和耐压。常见的标识法有如下三种:

① 直标法。将标称容量及允许误差直接标注在电容体上。用直标法标注的容量,有时不标单位,其识读方法为:凡容量大于 1 的无极性电容器,其容量单位为 pF;凡容量小于 1 的电容器,其容量单位为 μF;凡有极性电容器,其容量单位是 μF。

示例:2μ2 表示容量为 2.2 μF;　　　4n7 表示容量为 4.7 nF 或 4 700 pF;

0.01表示容量为0.01 μF； 3 300表示容量为3 300 pF。

② 数标法。用3位数字表示电容器容量大小，前两位为电容标称容量的有效数字，第3位数字表示有效数字后面零的个数，单位是pF，但第3位数字是"9"时，有效数字应乘上10^{-1}。

示例：103表示容量为10 000 pF＝0.01 μF；221表示容量为220 pF；

339表示容量为$33×10^{-1}$＝3.3 pF。

直标法和数标法对于初学者来讲，比较容易混淆，其区别方法为：一般来说直标法的第3位一般为0，而数标法第3位不为0。

③ 色标法。电容器色标法与电阻器色标法相同，标志颜色意义也与电阻器基本相同。单位为pF。

(4) 电容器的额定工作电压

电容器额定工作电压是表示电容器接入电路后，能够长期可靠地工作，不被击穿所能承受的最大直流电压，又称耐压。电容器在使用时一般不能超过其耐压值，否则就会造成电容器损坏，严重时还会造成电容器爆炸。电容器耐压值一般都直接标注在电容器表面，常用电容器的耐压系列为：6.3 V、10 V、16 V、25 V、40 V、63 V、100 V、250 V、400 V等。

3) 电感器

电感器一般由线圈构成，故又称为电感线圈。电感器也是一种储能元件，在电路中有阻交流、通直流的作用，可以在交流电路中起阻流、降压、负载等作用，与电容器配合可用于调谐、振荡、耦合、滤波和分频等电路中。为了增加电感量，提高品质因数 Q，减小体积，线圈中常放置软磁材料制作的磁芯。

根据电感器的结构可分为普通和带磁芯电感器；根据电感器的电感量是否可调，电感器分为固定、可变电感器，它们的符号如图1.1.4所示。可变电感的电感量可利用磁芯在线圈内移动而在较大的范围内调整。

(a) 电感器线圈　　　(b) 带磁芯电感器　　　(c) 带磁芯可变电感器

图1.1.4　电感器的符号

(1) 电感器的型号命名方法

它由以下四部分组成，各部分的含义如下：

第一部分为主称，常用 L 表示线圈，ZL 表示高频或低频扼流圈；

第二部分为特征，常用 G 表示高频；

第三部分为类型，常用 X 表示小型；

第四部分为区别代号。

示例:LGX 为小型高频电感线圈。

(2) 电感量

电感量是表示载流线圈中磁通量大小与电流关系的物理量,其大小与线圈圈数、线圈线径、绕制方法以及磁芯介质材料有关。电感量的常用单位为 H(亨利)、mH(毫亨)、μH(微亨)。

固定电感器的标称电感量可用直标法表示,也可用色标法表示。色环电感器电感量的大小一般用四色环标注法标注,与电阻器色标法和识读方法相似,其单位是 μH。电感器标称值系列一般按 E12 系列标注。

一般固定电感器误差分为 I 级、II 级、III 级,分别表示误差为±5%、±10%、±20%。精度要求较高的振荡线圈,其误差为±0.2%~±0.5%。

(3) 品质因数(Q 值)

品质因数是电感器的重要参数,通常称为 Q 值。Q 值的大小与绕制线圈所用导线线径粗细、绕法、股数以及线圈的匝数等因素有关。Q 值反映电感器传输能量的本领大小,Q 值越大,传输能量的本领越大,即损耗越小,质量越高,一般要求 $Q=50\sim300$。

(4) 额定电流

额定电流是电感线圈中允许通过的最大电流,额定电流大小与绕制线圈的线径粗细有关。国产色码电感器通常用在电感器上印刷字母的方法来表示最大直流工作电流,字母 A、B、C、D、E 分别表示最大工作电流为 50 mA、150 mA、300 mA、700 mA、1 600 mA。

4) 万用表检测常用元件的基本方法

(1) 用万用表检测电阻,测量其实际阻值,与标称阻值比较,可判断电阻是否正常。

(2) 用万用表检测电感,测量其直流电阻,常选用欧姆挡 $R\times1$ 或 $R\times10$,若阻值无穷大,则电感断路;若阻值较小,则电感一般正常。

(3) 用万用表检测电容,应根据无极性电容和有极性电容以及容量大小区分对待:

① 无极性固定电容一般容量不大,通常在测量时可选用欧姆挡 $R\times10$ k,0.01 μF 以下的定性检测其是否有漏电或短路等现象;0.01 μF 以上的直接测试其有无充电过程以及有无短路或漏电现象。

② 电解电容的容量较大,应测量其正、反向漏电电阻。通常容量在 1~47 μF 间的,可用欧姆挡 $R\times1$ k 测量;容量大于 47 μF 的,可用欧姆挡 $R\times100$ 测量,根据测量结果判断其是否能正常工作;对于极性标识不明的电解电容,也可通过万用表

测量正、反向漏电电阻的方法加以判别。

1.1.3 实验内容与步骤

1）检测电阻

（1）从实验板上选取 2 个电阻,将电阻外壳上所标的色环按顺序,填入表 1.1.3 色环一栏。

（2）根据色标法,读出电阻的标称阻值及允许偏差,填入标称值及偏差一栏。

（3）将万用表调到欧姆挡测电阻的阻值,将测量数据填入实测值一栏。

（4）比较电阻的设计值、标称值和实测值,并给出相应的结论。

表 1.1.3 检测电阻

电 阻	R_1	R_2
色 环		
标称值及偏差		
实测值		
结 论		

2）检测电感

（1）在实验板上选取 2 个电感,根据电感外壳上所标的文字(字母)或数字,读出电感量及允许偏差,填入表 1.1.4 标称值及偏差一栏。

（2）将理想状态下的直流电阻阻值,填入理想值一栏。

（3）将万用表调到欧姆挡,测电感的直流电阻,将测量数据填入测量值一栏。

（4）根据测量结果简单判断电感性能。

表 1.1.4 检测电感

元 件		L_1	L_2
标称值及偏差			
直流电阻阻值	理想值		
	测量值		
结 论			

3）检测电容

（1）从实验板上选取 2 个电解电容,读出其标称容量及允许偏差,填入表 1.1.5 标称值与允许偏差一栏。

（2）用万用表欧姆挡测电容的正、反向漏电电阻,即用两个表笔分别接电容的两个引脚,将测量数据填入实测值一栏。

(3) 根据测量结果简单判断电解电容引脚极性和性能。

表 1.1.5 检测电容

元 件		C_1	C_2
标称值及允许偏差			
实测值	正向漏电电阻		
	反向漏电电阻		
结 论			

4) 测量直流电压

从"线性电路研究模块"实验板上选取元器件,结合实验箱上提供的稳压电源,搭建如图 1.1.5 所示的实验电路。

(1) 调节直流稳压电源输出电压调节旋钮,将万用表调到直流电压挡,并测量电源电压 U 为 9 V。

(2) 电路连接好后,用万用表依次测量电阻 R_1 和 R_2 的端电压 U_1 和 U_2,测量数据填入表 1.1.6 中。

表 1.1.6 直流电压的测量

项 目	U(V)	U_1(V)	U_2(V)
理论值	9		
实测值	9		

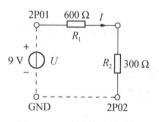

图 1.1.5 直流电压的测量

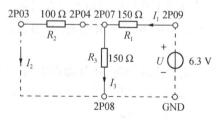

图 1.1.6 直流电流的测量

5) 测量直流电流

从"线性电路研究模块"实验板上选取元器件,结合实验箱上的电源搭建如图 1.1.6 所示的实验电路。

(1) 调节直流稳压电源输出,用万用表的直流电压挡测量 U 为 6.3 V,按照图 1.1.6 连接实验电路。

(2) 电路连接好之后,将万用表调到直流电流挡,依次测量各支路的电流,测量数据填入表 1.1.7 中。

(3) 在测量电流 I_3 时,分别用电流挡 10 mA 和 100 mA 进行测量,对照理论值,比较测量结果,分析产生误差的原因。

表 1.1.7 直流电流的测量

项 目	U(V)	I_1(mA)	I_2(mA)	I_3(mA)
理论值	6.3			
实测值	6.3			

1.1.4 Multisim 仿真分析

1) 电阻的测量

(1) 从基本元件库中调取 2 个电阻和 2 个接地端,电阻参数分别设置为 600 Ω 和 300 Ω,调整元件的位置。

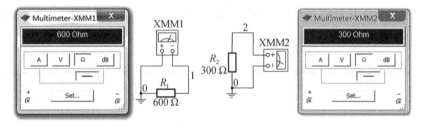

图 1.1.7 测量电阻的电路及仿真结果

(2) 从仪表工具栏中调用 2 个万用表。

(3) 根据万用表的使用规则,万用表应并接在所测电阻的两端,如图 1.1.7 所示。

(4) 双击万用表图标,在其面板中选中"Ω"功能键。

按下仿真开关,万用表面板上显示测量结果,如图 1.1.7 所示。

2) 直流电压的测量

(1) 测量图 1.1.8 中 R_1 的端电压 U_1。在 Multisim 默认状态(直流电压表内阻 1 GΩ)下,根据图 1.1.5 选取元件,连接电路,调用万用表测量 U_1,万用表面板上显示测量结果,如图 1.1.8(a)所示。

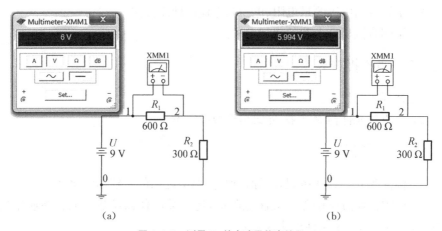

图 1.1.8 测量 U_1 的电路及仿真结果

（2）参考测量 U_1 的方法步骤，完成对 R_2 端电压 U_2 的测量。

3）直流电流的测量

按照如图 1.1.6 所示电路和表 1.1.7 的要求，图 1.1.9 是测量电路及仿真结果。

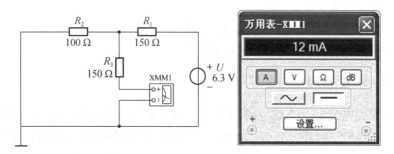

图 1.1.9 设置直流电流表内阻为 75 Ω 时测量 I_3 的电路及仿真结果

1.1.5 实验设备

（1）直流稳压电源；
（2）数字万用表；
（3）电路实验箱。

1.1.6 预习要求

（1）了解电阻（器）、电感（器）及电容（器）等元件的规格、标识方法和检测方法。

(2) 了解万用电表测量电阻、电压和电流的使用方法。

(3) 了解直流稳压电源的使用方法。

1.1.7 实验报告要求

(1) 整理实验数据。

(2) 分析各元件检测结果,并给出相应的结论。

1.1.8 思考题

(1) 标注为 600 Ω 的电阻,其标称值、实测值之间的差别如何解释?

(2) 电阻使用过程中除了关注电阻值,还要关注什么参数? 电容在使用过程中除了关注容值,还要关注什么参数?

1.2 基尔霍夫定律的验证

1.2.1 实验目的

(1) 加深对基尔霍夫定律的理解。

(2) 学会使用万用表测量直流电压和直流电流的方法,验证基尔霍夫定律。

(3) 学会用电流表测量各支路电流。

1.2.2 实验原理

基尔霍夫电流定律(KCL):基尔霍夫电流定律是电流的基本定律。即任何时刻,在集总电路中,对任一节点(闭合面)而言,所有支路的电流代数和恒等于零,即 $\sum i = 0$。如流入该节点(闭合面)的电流为正,则流出该节点(闭合面)的电流为负(也可以反过来规定)。

基尔霍夫电压定律(KVL):对任何一个闭合回路而言,所有支路的电压降代数和恒等于零,即 $\sum u = 0$。通常,凡支路或是元件电压的参考方向与回路绕行方向一致者为正,反之为负。

基尔霍夫定律的形式对各种不同的元件所组成的电路都适用,对线性和非线性都适用。运用上述定律时必须要注意各支路或闭合回路中电流的正方向,此方向可预先任意设定。

1.2.3 实验内容与步骤

1）验证基尔霍夫电压定律

连接实验电路,如图 1.2.1 所示,调节直流稳压电源输出电压调节旋钮,用万用表直流电压挡测量 U 为 9 V 后,依次测量电阻 R_1 和 R_2 的端电压 U_1、U_2 和电路中的电流 I,测量数据填入表 1.2.1 中,并求 ΣU,验证基尔霍夫电压定律。

表 1.2.1 验证基尔霍夫电压定律

项 目	U(V)	U_1(V)	U_2(V)	I(mA)	ΣU
理论值	9				
实测值	9				

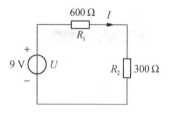
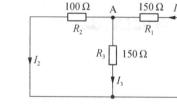

图 1.2.1 验证基尔霍夫电压定律电路图　　图 1.2.2 验证基尔霍夫电流定律电路图

2）验证基尔霍夫电流定律

连接实验电路,如图 1.2.2 所示,调节直流稳压电源输出,用万用表测量 U 为 4.2 V 后,依次测量各支路的电流,测量数据填入表 1.2.2 中,并求 ΣI_A,验证基尔霍夫电流定律。

表 1.2.2 验证基尔霍夫电流定律

项 目	U(V)	I_1(mA)	I_2(mA)	I_3(mA)	ΣI_A
理论值	4.2				
理论值	4.2				

1.2.4 Multisim 仿真分析

1）直流电压的测量

测量图 1.2.1 中 R_1 和 R_2 的端电压 U_1、U_2。

根据图 1.2.1 调取元件,连接电路,调用万用表测量 U_1、U_2,万用表面板上显示测量结果,如图 1.2.3 所示。

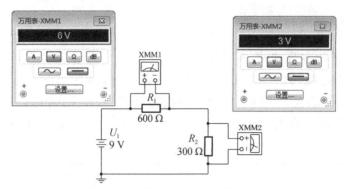

图 1.2.3　测量 U_1、U_2 的电路及仿真结果

(2) 根据实际情况设定直流电压表内阻

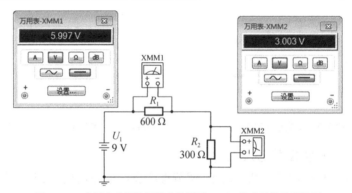

图 1.2.4　电压表内阻仿照真实值测量 U_1、U_2 的电路及仿真结果

对照理论值，比较两次仿真结果，说明直流电压表内阻对被测电压的影响。

2) 直流电流的测量

按照图 1.2.1 所示电路，在 Multisim 默认状态（直流电流表内阻 1 nΩ）下，测量回路中的电流。

参照 MF500 型万用表电流挡 10 mA 内阻 75 Ω，设置直流电流表内阻参数，测量电流值，图 1.2.5 是测量电路及仿真结果。

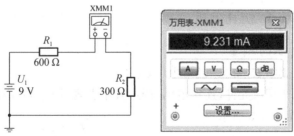

图 1.2.5　设置直流电流表内阻为 75Ω 时测量电流及仿真结果

对照理论值,比较两次仿真结果,说明直流电流表内阻对被测电流的影响。

3)按照图 1.2.2 所示电路,在 Multisim 软件中连接该电路,并仿真输出结果,与实际测量结果相比较。

1.2.5 实验设备

(1) 直流稳压电源;
(2) 数字万用表;
(3) 电路实验箱。

1.2.6 预习要求

(1) 复习基尔霍夫电流定律和电压定律的相关知识。
(2) 了解本次实验内容,指定实验步骤,计算相关的理论值。
(3) 根据图 1.2.2 的电路参数,计算出待测电流 I_1、I_2、I_3 和各电阻上的电压值,记入表中,以便实验测量时,可正确地选定毫安表和电压表的量程。

1.2.7 实验报告要求

(1) 根据实验数据,选定实验电路中的任何一个闭合回路,验证 KVL 的正确性。
(2) 根据实验数据,选定实验电路中节点 A,验证 KCL 的正确性。
(3) 将支路和闭合回路的电流方向重新设定,重复 1、2 两项验证。
(4) 对误差原因进行分析。

1.2.8 思考题

(1) 复习基尔霍夫电流定律和电压定律的相关知识。
(2) 了解本次实验内容,计算相关理论值。

1.3 线性电路特性的研究

1.3.1 实验目的

(1) 加深对线性电路主要特性(齐次性、叠加性、置换性、互易性)的理解。
(2) 学习线性电路主要特性的研究方法。

1.3.2 实验原理

(1) 齐次性:在含一个独立源的线性电路中,每一个响应(电压或电流)与该独立源的数值成线性关系,即当某一独立源增加或减小 k 倍时,由其在各元件上产生的电压或电流也增加或减小 k 倍。称为线性电路的齐次性(或比例性)。

(2) 叠加性:由多个独立源组成的线性电路中,每一个响应(电压或电流)可以看成是由每一个独立源单独作用所产生响应的代数和,这一特性称为叠加性(或叠加定理)。

(3) 置换性:在具有唯一解的线性或非线性电路中,若已知某一支路的电压为 u,电流为 i,那么该支路可以用"$u_S=u$"的电压源替代,或者用"$i_S=i$"的电流源替代。替代后电路其他各处的电压、电流均保持原来的值。

定理所说的某支路可以是无源的,也可以是含独立源的,或是一个二端电路(又称广义支路)。但是,被替代的支路与原电路的其他部分间不应有耦合。

(4) 互易性:在不含受控源的无源线性两端对网络中,不论哪一端对作为激励端,哪一端对作为响应端,其电流响应对其电压激励的比值是一样的,或其电压响应对其电流激励的比值是一样的。形象地说就是一个电压源(或一个电流源)和一个电流表(或一个电压表)可以互相调换位置,而电流表(或电压表)的读数不变。这一特性称为互易性(或互易原理),可用图 1.3.1 表示。

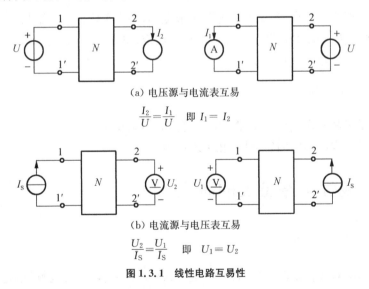

(a) 电压源与电流表互易

$$\frac{I_2}{U}=\frac{I_1}{U} \quad 即 \quad I_1=I_2$$

(b) 电流源与电压表互易

$$\frac{U_2}{I_S}=\frac{U_1}{I_S} \quad 即 \quad U_1=U_2$$

图 1.3.1 线性电路互易性

1.3.3 实验内容与步骤

1) 线性电路叠加定理的研究

按图 1.3.2 所示在"线性电路研究模块"实验板上搭建实验电路。

(1) 按照图 1.3.2 连接好实验电路,特别注意双电源的供电方式。

(2) 搭建好实验电路之后,测量当电源 U_{S1}、U_{S2} 分别作用(只接入一路电源)和同时作用时,各支路中的电压(或电流),填入表 1.3.1

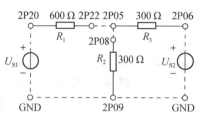

图 1.3.2 叠加定理研究实验电路

中,并计算各支路电阻上消耗的功率及电源提供的功率,分别研究以下问题:

① 电路中任一支路中电压(或电流)与电源之间是否符合叠加定理?

② U_{S1}、U_{S2} 同时作用时任一电阻元件上消耗的功率与 U_{S1}、U_{S2} 单独作用时该电阻元件上消耗的功率之和是否符合叠加定理?

③ 电源 U_{S1}、U_{S2} 同时作用电路消耗的总功率与 U_{S1}、U_{S2} 单独作用时提供的功率之和是否符合叠加定理?

表 1.3.1 叠加定理的研究

项 目		U_{S1}	U_{S2}	U_{R1}	U_{R2}	U_{R3}	P_{R1}	P_{R2}	P_{R3}	P_{US1}	P_{US2}
U_{S1}、U_{S2} 同时作用	理论值										
	实测值	15.0 V	12.0 V								
U_{S1} 单独作用	理论值										
	实测值	15.0 V									
U_{S2} 单独作用	理论值										
	实测值		12.0 V								
叠加结果											

2) 线性电路齐次性的研究

按图 1.3.2 实验电路,使 $U_{S1}=0$ V(将 U_{S1} 电源去掉,用短接线联接 R_1、R_2 两端)。按表 1.3.2 测量数据,填入表中。

表 1.3.2 电路齐次性的研究

电压电源	U_{R1}(V)		U_{R2}(V)		U_{R3}(V)		I_{R2}(mA)	
	理论值	实测值	理论值	实测值	理论值	实测值	理论值	实测值
$U_{S2}=5$ V								
$U_{S2}=10$ V								
$U_{S2}=15$ V								

3) 线性电路互易定理的研究

(1) 按图 1.3.3(a) 原电路连接电路 (将图 1.3.2 中的 U_{S2} 换成电流表,U_{S1} 保持 10 V 不变即可),测出 I_{R3} 电流值,将数据记入表 1.3.3。

(2) 互易 U_S 电源与 I_{R3} 电流表 (将图 1.3.2 中的 U_{S1} 换成电流表,U_{S2} 保持 10 V 不变即可),如图 1.3.3(b)。测量 I_{R1} 电流值,将数据记入表 1.3.3。

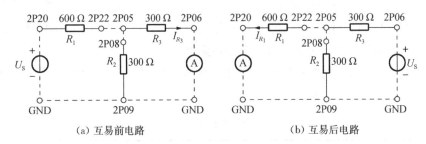

(a) 互易前电路　　　　　　(b) 互易后电路

图 1.3.3 互易定理的研究

表 1.3.3 互易定理的研究

项　目	原电路	互易电路
理论值	$I_{R3}=$　　mA	$I_{R1}=$　　mA
实测值	$I_{R3}=$　　mA	$I_{R1}=$　　mA

1.3.4 实验设备

(1) 直流稳压电源;
(2) 数字万用表;
(3) 电路实验箱。

1.3.5 预习要求

(1) 预习有关的理论知识,认真阅读实验原理部分。
(2) 按照图 1.3.2 所示电路,计算各待测理论值,分别填入表 1.3.1、表 1.3.2。
(3) 试使用 Multisim 仿真计算表 1.3.2 的有关理论值,与人工计算值相比较。

1.3.6 实验报告要求

（1）列写各测量数据表。
（2）对测量结果进行分析，加深对3个重要定理的理解。

1.3.7 思考题

为什么功率不符合叠加定理？试分析原因。

1.4 等效电源定理的研究

1.4.1 实验目的

（1）学习测量线性有源二端网络等效电源参数和电路的外特性的方法。
（2）加深对等效电源定理的理解，验证最大功率传输条件。
（3）巩固万用电表的使用方法，加深对万用电表内阻的理解。
（4）进一步掌握 Multisim 仿真分析在直流实验中的应用。

1.4.2 实验原理

（1）任何一个线性网络，如果只研究其中一条支路的电压或电流，则可将电路的其余部分看作是一个有源二端网络，或称为含源二端口网络，如图 1.4.1(a) 所示。

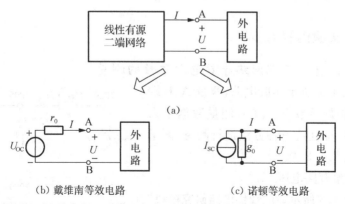

图 1.4.1　线性有源二端网络的等效电路

（2）等效电源定理包括电压源等效和电流源等效两个定理，也称为戴维南定理和诺顿定理。

戴维南定理:任意一个线性有源二端网络,就其对外电路的作用而言,总可以等效为一个电压源和电阻组成的串联电路,如图1.4.1(b)所示。该电压源的电压U_{OC}等于二端网络在端口处的开路电压;电阻r_0等于二端网络内所有独立源置于零的条件下,从端口处看进去的等效电阻。

诺顿定理:任意一个线性有源二端网络,就其对外电路的作用而言,总可以等效为一个电流源和电导组成的并联电路,如图1.4.1(c)所示。该电流源的电流I_{SC}等于二端网络在端口处的短路电流;电导g_0等于该二端网络内所有独立源置于零的条件下,从端口处看进去的等效电导,$g_0=1/r_0$。

通常我们称开路电压U_{OC}、短路电流I_{SC}以及等效内阻r_0为有源二端网络的等效电源参数。

线性有源二端网络与等效电路的外特性应该是一致的,在平面坐标中绘制的伏安关系曲线应该重合。

(3) 最大功率传输定理。一个线性有源二端网络,不管其内部具体电路如何,都可以等效为一个理想电压源和电阻组成的串联电路,如图1.4.1(b)所示。当负载为R_L时,获得功率:

$$P=I^2 R_L=\frac{U_{OC}^2 R_L}{(r_0+R_L)^2}$$

对上式求导并令其为零,得到负载R_L上获得最大功率时的条件$R_L=r_0$,此时最大功率为:

$$P_{max}=\frac{U_{OC}^2}{4r_0}$$

1.4.3 实验内容与步骤

1) 线性有源二端网络等效电源参数的测量

如图1.4.2所示实验电路,测量A、B端口的等效电源参数U_{OC}、I_{SC},测量数据填入表1.4.1中,r_0任选三种方法进行测量,测量数据填入表1.4.2中。

(1) 测量开路电压U_{OC}

按图1.4.3所示,在"线性电路研究模块"实验板上搭建实验电路。将+12 V的电源输出端接到2P20,2P22与2P05相连,电阻2R4与2R5串联成一个300 Ω的电阻,2P08与2P05相连,2P09接到GND,2P06与2P09之间串联一个直流电压表,用

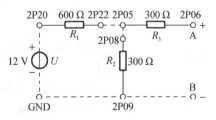

图1.4.2 测定AB端等效电源参数电路

于测量电路开路电压。

在精度要求不高的情况下,可直接用万用表的直流电压挡测出该有源二端网络电路的开路电压 U_{OC},如图 1.4.3 所示。实验中所用的万用表其内阻足够大(大于被测网络的电阻 100 倍以上),则测量误差可以忽略,可认为万用表的电压读数就是开路电压 U_{OC} 的值。否则将有一定的测量误差。

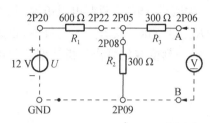
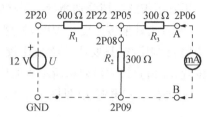

图 1.4.3 测量开路电压 U_{OC} 电路　　　图 1.4.4 测量短路电流 I_{SC} 电路

(2) 测量短路电流 I_{SC}

将上述实验电路中的直流电压表换成直流电流表,其他连接保持不变,见图 1.4.4。在网络端口允许短路的情况下,可用万用表直流电流挡测量网络端口处的短路电流。如果实验中使用的万用表内阻足够小(小于被测支路阻值 100 倍以上),则对测量数据影响较小,可以认为万用表的电流读数就是短路电流 I_{SC} 的值。否则将有一定的测量误差。

表 1.4.1　测定等效电源参数 U_{OC}, I_{SC}

项　目	U_{OC}(V)	I_{SC}(mA)
理论值		
测量值		

(3) 测量等效内阻 r_0

测量等效内阻的方法很多,事实上,我们根据已经测量的开路电压 U_{OC} 及短路电流 I_{SC},即可得到等效内阻 $r_0 = U_{OC}/I_{SC}$;除此之外,再介绍几种测量 r_0 的方法。

① 直接测量法(见图 1.4.5)

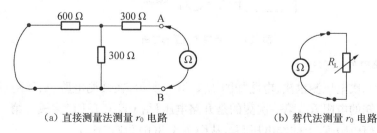

(a) 直接测量法测量 r_0 电路　　(b) 替代法测量 r_0 电路

图 1.4.5　万用电表欧姆挡测量 r_0 电路

将网络内的独立源置零,如图1.4.5(a)所示,将线性有源二端网络变成无独立源二端网络,用万用表欧姆挡测量该网络端口处的入端电阻,即得到等效内阻r_0。

② 替代法

考虑万用表欧姆挡测量误差,直接测量法可变换形式,如图1.4.5(a)、(b),用替代法测量r_0。

用万用表欧姆挡分别测量(a)与(b)两个二端网络,调整十进制电阻箱R_L的大小,当两者指针偏转角度一致时,显然有$r_0 = R_L$。实测时,欧姆挡无需校零,也无需选用Ω刻度线,只要便于读数比较,表盘中任一刻度线均可作为指针偏转角度的位置,r_0值直接由电阻箱所示数值读出。

③ 外接已知电源法(见图1.4.6)

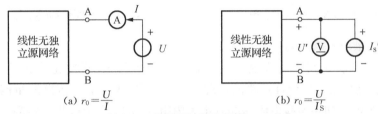

(a) $r_0 = \dfrac{U}{I}$ (b) $r_0 = \dfrac{U}{I'_S}$

图1.4.6 外接已知电源法测量r_0电路

按照上述图1.4.5(a)的方法,将线性有源二端网络变成无独立源二端网络,外接电源,测电流I或电压U',如图1.4.6(a)、(b)所示,根据电压与电流的比值,计算出r_0。

④ 半值法

按照上述图1.4.5(a)的方法,将线性有源二端网络变成无独立源二端网络,外接电压源U和电阻箱R_L,如图1.4.7所示。U的大小,选一个适当值即可,改变电阻箱R_L的阻值,并测量其端电压U_L,当$U_L = 1/2\,U$时,$r_0 = R_L$。

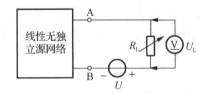

图1.4.7 半值法测量r_0电路

⑤ 外接已知负载法

也称为二次电压测量法,电路如图1.4.8(a)所示,在被测电路A、B两端任接一个阻值已知的电阻R_L,第一次测的是开路电压U_{OC}(表1.4.1已完成),第二次测的是已知阻值电阻R_L上的端电压U_L,从图1.4.8(b)我们知道:

$$(U_{OC}-U_L)/r_0=U_L/R_L$$

即得到公式：

$$r_0=(U_{OC}/U_L-1)R_L$$

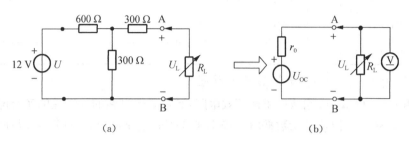

图 1.4.8　外接已知负载法测量 r_0 电路

特殊地：如果 R_L 换作电阻箱，在调节 R_L 大小的同时，测量其端电压 U_L，当 U_L 值恰好为开路电压 U_{OC} 的一半时，由公式得到 $r_0=R_L$，此时 r_0 值就可直接由电阻箱上读取。

表 1.4.2　测量 r_0

r_0	实验方法	中间测量数据	结果 $r_0(\Omega)$
r_{01}			
r_{02}			
r_{03}			
	理论值 $r_0=$		综合分析后 $r_0=$

2) 测量实验电路的外特性

电路的外特性也称为伏安特性，是对电路输出端电压和电流之间关系的描述 $U=f(I)$。

线性有源二端网络外特性的测量方法，是在被测电路 A、B 的两端接一个可调的负载电阻 R_L（通常采用电阻箱），实验电路可参考 1.4.8(a)，逐渐改变电阻 R_L 的数值，测量其端电压 U_L，测量数据填入表 1.4.3 原电路部分，并计算通过电阻 R_L 的电流 I_L。即可在坐标纸上描绘出 U_L-I_L 曲线。R_L 的变化范围为：10 Ω～r_0～10 kΩ，测量点不得少于 10 个，在 r_0 附近的测量点应取得密些，其中 r_0 选用实验中测出的较准确值。

表 1.4.3 测量电路外特性

项	目	$R_L(\Omega)$	10			r_0				10k
原电路		$U_L(V)$								
		$I_L(mA)$								
		$P(mW)$								
等效电路		$U'_L(V)$								
		$I'_L(mA)$								

3）测量戴维南等效电路的外特性

用测量的 U_{OC}、r_0 组成戴维南等效电路，测量等效电路的外特性的实验电路可参考 1.4.8(b)，将 U'_L 测量数据填入表 1.4.3 等效电路部分，并计算 I'_L，与原电路的外特性进行比较。

4）研究功率和负载间关系

根据实测的原电路的外特性，计算负载 R_L 上获得的功率 P，观察 P 随 R_L 变化的规律，即 $P = f(R_L)$，验证负载获得最大功率条件。

1.4.4 Multisim 仿真分析

1）U_{OC} 的测量

在 Multisim 中，按照图 1.4.3，调取所用元件，设定参数，连接电路；调用万用表测量 U_{OC}，如图 1.4.9 所示，要求：

（1）在 Multisim 默认状态下显示仿真结果；

（2）根据实际测量情况，显示测量结果；

（3）对照 U_{OC} 理论值，分析两次测量结果。

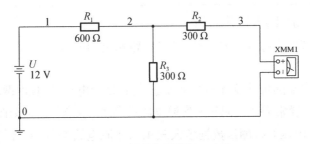

图 1.4.9 万用电表测量 U_{OC} 电路

2）I_{SC} 的测量

在 Multisim 中，参考图 1.4.9 所示电路，测量 I_{SC}，要求：分别参照 MF500 型万用表电流挡 10 mA 和 100 mA 内阻，设置直流电流表内阻参数，显示测量结果，

与 I_{SC} 理论值比较,分析产生误差的原因。

3) r_0 的测量

(1) 直接测量法

在 Multisim 中,将图 1.4.9 所示电路中,删去电源 U,连线替代后,用万用电表测量 r_0 值,与实验测量数据进行比较。

(2) 外接已知负载法

① 参照图 1.4.8(a),在 Multisim 中,调取一个可变电阻器作为 R_L,调节其大小至某一阻值时,测出其端电压大小,根据前面的公式计算出 r_0 值。图 1.4.10 是 R_L 为 400 Ω 时,测量 U_L 的电路图及仿真结果。

② 根据图 1.4.10,当调节 R_L 为 630 Ω 时,完成 U_L 的测量仿真,并根据结果计算 r_0 值。

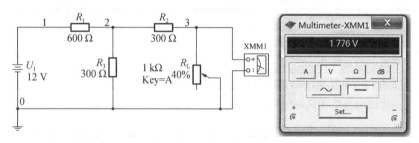

图 1.4.10　R_L＝400 Ω 时,直流电压表内阻设置为 200 kΩ 时测量 U_L 及仿真结果

1.4.5　实验设备

(1) 直流稳压电源;
(2) 数字万用表;
(3) 电路实验箱;
(4) 电阻箱。

1.4.6　预习要求

(1) 预习有关的理论知识,认真阅读实验原理部分。
(2) 按照图 1.4.2 所示电路,计算各待测理论值,分别填入表 1.4.1、表 1.4.2。
(3) 试使用 Multisim 仿真计算表 1.4.1 和表 1.4.2 的有关理论值,与人工计算值相比较。

1.4.7　实验报告要求

(1) 整理实验数据,列写出所用测量方法和电路,分析这些测量方法的优缺点。

（2）绘制原电路和戴维南等效电路的外特性曲线,并由原电路外特性曲线求出等效电源参数。

（3）绘制原电路负载 R_L 上获得的功率 P 随 R_L 变化的曲线,验证负载获得最大功率条件。

（4）计算 r_0 值,并给出测量电路图和仿真结果图。

1.4.8 思考题

本书中使用数字万用表测量参数,忽略了万用表内阻的影响和元件的非理想性,如果考虑这些参数的影响,测量出的 U_{OC} 和 I_{SC} 各为多少（保留 3 位小数）?

表 1.4.4 测量 U_{OC} 的误差分析

条件	U_{OC}(V)
理想 600Ω 电阻,电压表内阻无穷大	
理想 600Ω 电阻,电压表内阻 200 kΩ	
实测 620Ω 电阻,电压表内阻无穷大	
实测 620Ω 电阻,电压表内阻 200 kΩ	
结论	（　　　）影响较大

表 1.4.5 测量 I_{SC} 的误差分析

条件	I_{SC}(mA)
理想 600Ω 电阻,电流表内阻为零	
理想 600Ω 电阻,电流表内阻为 7.5Ω	
理想 600Ω 电阻,电流表内阻为 7.5Ω	
实测 620Ω 电阻,电流表内阻为零	
实测 620Ω 电阻,电流表内阻为 75Ω	
实测 620Ω 电阻,电流表内阻为 75Ω	
结论	（　　　）影响较大

1.5 典型信号的观测与测量

1.5.1 实验目的

（1）学习函数信号发生器、交流电压表和双踪示波器的使用方法。

（2）学会观察几种典型信号的波形。

(3) 掌握信号幅度、周期(频率)和两个同频率正弦信号相位差的测量方法。

(4) 学习 Multisim 中交流仪表的使用方法。

1.5.2 实验原理

1) 几种典型信号

(1) 周期正弦信号

描述正弦信号特征的主要参数有:峰值(U_P)、峰-峰值(U_{P-P})、有效值(U);周期(T)、频率(f);初相(θ)、相位差(φ)等,如图1.5.1(a)所示。

参数之间满足一定的关系:

$$U_{P-P}=2U_P=2\sqrt{2}U, \quad f=\frac{1}{T}$$

(2) 周期矩形信号

描述矩形信号的主要参数有:幅度(U_{P-P})、脉冲重复周期(T)和脉冲宽度(τ),$\dfrac{\tau}{T}$通常称为占空比,如图1.5.1(b)所示。

(3) 周期锯齿波信号

描述锯齿波信号的主要参数有:幅度(U_{P-P})、脉冲重复周期(T)等,如图1.5.1(c)所示。

上述三种信号均可由函数信号发生器产生。

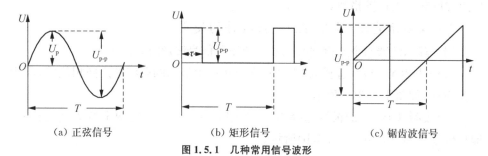

(a) 正弦信号　　　　(b) 矩形信号　　　　(c) 锯齿波信号

图 1.5.1　几种常用信号波形

2) 基本测量方法

(1) 幅度的测量

正弦信号的幅度可以用交流电压表和示波器测量,交流电压表的测量值仅为其有效值,而示波器可直接测量出其峰值或峰-峰值。我们应根据实验要求对所测量出的数据进行换算。

矩形信号与锯齿波信号的幅度可用示波器测量。

(2) 周期和频率的测量

三种信号的周期和频率可分别由示波器和频率计测量,也可以在测量出信号某一参数后,根据要求进行换算。

(3) 两个同频率正弦信号相位差的测量

当双踪示波器显示屏上显示图1.5.2所示的两个同频率信号波形时,依照下面公式计算相位差:

$$\varphi = \frac{B}{A} \times 360°$$

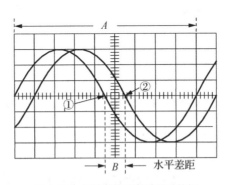

图 1.5.2 两个同频率正弦信号的相

A 表示两波形在水平方向上一个周期所占格数,B 表示两波形在水平方向对应点之间相差所占的格数。

3) 双踪示波器 CH2(Y2) 极性控件的使用

用双踪示波器两个通道同时显示一个正弦信号波形时,

(1) CH2(Y2) 极性选择为"+"时,在显示屏上显示的两波形是同相位的,即相位差为 0°,如图 1.5.3(a) 所示。

(2) 如将 CH2(Y2) 极性选择为"−",则显示屏上显示的两个波形是反相的,即相位差为 180°,如图 1.5.3(b) 所示。

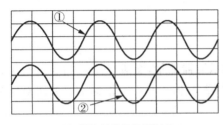
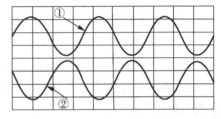

(a) CH2 极性选择为"+"　　　　(b) CH2 极性选择为"−"

图 1.5.3 双踪示波器 CH2(Y2) 极性控件的使用

1.5.3 实验内容与步骤

1) 观测正弦信号

(1) 按图 1.5.4 连接电路,函数信号发生器产生一个频率为 500 Hz(以函数信号发生器显示值为准)、电压有效值为 2 V(以交流电压表的测量值为准)的正弦信号,用示波器显示该正弦信号波形,测量其电压峰-峰值 U_{p-p} 和周期 T,同时由函数信号发生器电压指示窗口读出电压 U_p 值,完成表 1.5.1。

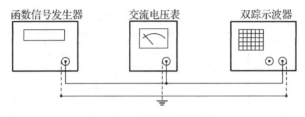

图 1.5.4 观测正弦信号电路

(2) 将上述正弦信号频率改为 10 kHz,电压有效值改为 4 V,完成表 1.5.1。

(3) 比较函数信号发生器、交流电压表和示波器三种仪表的电压显示值或测量值之间的关系。

表 1.5.1 测量正弦信号

使用仪器	函数信号发生器		交流电压表	双踪示波器	
测量项目	电压 U_p	频率	电压有效值	$U_{p-p}=H \cdot $ V/div	$T=D \cdot $ s/div
测量值		500 Hz	2 V		
测量值		10k Hz	4 V		

说明:H 代表峰-峰值所占的格数,V/div 为垂直偏转灵敏度挡位;D 代表一个周期所占的格数,s/div 为扫描速度挡位。

2) 观测矩形信号

(1) 按图 1.5.5 连接电路,函数信号发生器产生一个频率为 1.25 kHz、幅度为 4 V(均以函数信号发生器显示值为准)的矩形信号,调节函数信号发生器 SYM 或 SYMMETRY 旋钮,放置在"关"位,使矩形信号波形的 $\tau/T=1/2$,此时的矩形信号通常也称为方波。

(2) 根据表 1.5.2 的要求,示波器应选择不同的垂直偏转灵敏度挡位显示波形,测量幅度;选择不同的扫描速度挡位显示波形,测量周期和脉宽,完成表 1.5.2。

比较表中测量数据,分析垂直偏转灵敏度和扫描速度挡位的转换对测量数据有无影响。

(3) 调节函数信号发生器 SYM 或 SYMMETRY 旋钮,改变脉宽的大小,观察

不同 τ/T 的矩形信号波形。

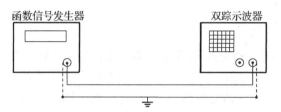

图 1.5.5 观测矩形信号和锯齿波信号电路

表 1.5.2 测量矩形信号

垂直偏转灵敏度旋钮 (V/div)	Y 轴部分		扫描速度旋钮 (ms/div)	X 轴部分			
	幅度所占格数 (div)	幅度值 (V)		时间所占格数(div)		时间(s)	
				周期	脉宽	周期	脉宽
1			0.1				
2			0.2				

3) 观测锯齿波与三角波信号

按图 1.5.5 连接电路,调节函数信号发生器产生一个锯齿波信号,幅度与频率的要求同上述矩形信号,用示波器进行观测,调节 SYM 或 SYMMETRY 旋钮,观察锯齿波与三角波之间的转换,完成表 1.5.3。

表 1.5.3 测量锯齿波信号

项 目	幅 度	周 期
锯齿波信号		
三角波信号		

4) 观测双踪示波器两个通道中正弦信号的相位差

(1) 按图 1.5.6 连接电路,函数信号发生器产生一个正弦信号,频率显示为 8 kHz,幅度显示峰-峰值为 2V 左右,用双踪示波器 CH1(Y1)和 CH2(Y2)同时显示该信号波形。

(2) 调整两通道显示的波形,完成表 1.5.4,CH2 极性"+"部分。

(3) 将 CH2(Y2)极性选择"－",完成表 1.5.4,CH2 极性"－"部分。

图 1.5.6 观测相位差电路

表 1.5.4 测量两个通道中的正弦信号相位差

相位差		CH2 极性"+"	CH2 极性"-"
理论值			
双踪示波器测量值	B		
	A		
	相位差		

说明：为了减小测量误差，应调整周期所占格数 A 为接近 10 的整数，再读两个波形间相差格数 B 的大小。

5) 观测叠加在直流偏置上的正弦信号（测量方法见示波器使用介绍部分）

(1) 按照图 1.5.4 连接电路，函数信号发生器产生一个 $T=1$ ms、$U_p=2$ V（以示波器上显示波形的读数为准）的正弦信号，如图 1.5.7(a)所示。

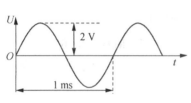

(a) 没有叠加直流分量的正弦信号

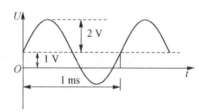

(b) 叠加直流分量的正弦信号

图 1.5.7 正弦信号波形

(2) 调节函数信号发生器上的 OFFSET 旋钮或 DC OFFSET 旋钮，产生一个叠加在直流偏置上的正弦信号，如图 1.5.7(b)所示，要求：用示波器测量出该信号直流分量为 1 V，交流分量峰值为 2 V。

(3) 完成表 1.5.5 中各仪表可测量或显示的项目数据，比较(1)和(2)中两个波形。

表 1.5.5 测量叠加直流分量的正弦信号

项目	直流分量	交流分量			
		振幅	有效值	周期	频率
示波器	1 V	2 V		1 ms	
交流电压表					
函数信号发生器					

1.5.4　Multisim 仿真分析

1) 正弦信号的测量

(1) 按照表 1.5.1 的要求,在 Multisim 中调用函数信号发生器、示波器和万用表,连接电路(注意函数信号发生器输出端口的接法),如图 1.5.8 所示。

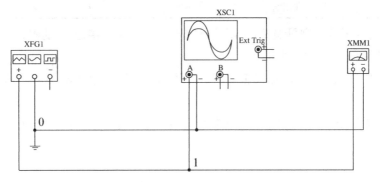

图 1.5.8　正弦信号测量电路

(2) 设置函数信号发生器面板参数为:"~","10","kHz","5.6"。

(3) 仿真后,改变" Amplitude "中数据(在 5.6 附近),使万用表面板显示为 4 V。

(4) 双击示波器图标,观察该正弦信号波形。

(5) 单击示波器面板上的" Reverse ",反转示波器背景颜色,如图 1.5.9 所示。

(6) 设置示波器参数,移动游标至合适位置,读出游标测量参数显示区内峰值和周期。

(7) 比较此时函数信号发生器面板中" Amplitude "的数据。

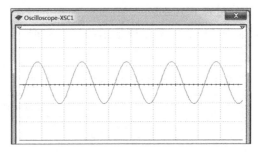

图 1.5.9　测量正弦信号时示波器显示的波形图

2) 矩形信号和锯齿波的测量

参照图 1.5.8,删除万用表,根据波形要求设置函数信号发生器面板上各项参数,特别注意"〰"、"⊓⊔"和" Duty Cycle "的选择;设置示波器参数;显示波形,读取相关测量数据。

改变"Duty Cycle"中的参数,观察波形的变化情况。

3) 同频率正弦信号间相位差的测量

(1) 由示波器 B 通道极性控制产生的相位差的测量

在 Multisim 中调用函数信号发生器和示波器,设置函数信号发生器的参数,连接电路,如图1.5.10所示,A、B 通道显示波形后,设置 B 通道极性为"—"即 AC 0 DC -,读出周期和两波形相差的时间大小(也可换算成所占格数),即可计算出相位差。

(2) 函数信号发生器"＋"、"—"端输出波形间相位差的测量

参照上述方法,用示波器直接显示函数信号发生器的"＋"、"—"端输出波形,显示屏显示两波形时,完成相位差的测量。

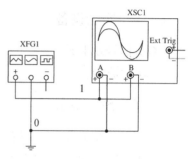

图 1.5.10 相位差测量电路

4) 叠加在直流偏置上的正弦信号的测量

在 Multisim 中按照图 1.5.8 所示,连接电路,开始仿真。

(1) 示波器 A 通道应设置为"AC 0 DC",设置"Y position"参数,使扫描基线与某一刻度线重合,如图 1.5.11 中"粗线"所示,即确定了"电压 0 V 刻度线"的位置。

(2) 按照表 1.5.5 的要求,设置函数信号发生器参数,特别注意"Offset"中数据的设置,产生一个叠加在直流偏置上的正弦信号。

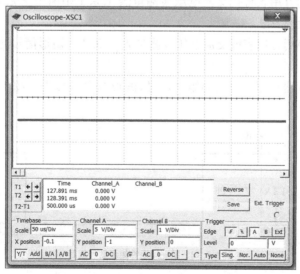

图 1.5.11 确定"电压 0 V 刻度线"的位置

(3) 改示波器 A 通道设置为"AC 0 DC",示波器显示该波形。
(4) 读出直流电压及交流信号各参数。
(5) 再次将示波器 A 通道设置为"AC 0 DC",与(3)显示的信号对比,找出它们的共同点和不同点。

1.5.5 实验设备

(1) 信号发生器;
(2) 示波器。

1.5.6 预习要求

(1) 复习几种常见的交流信号。
(2) 了解实验内容及实验原理。
(3) 熟悉函数信号发生器、交流电压表和双踪示波器的使用方法。

1.5.7 实验报告要求

(1) 列写各实验数据表格。
(2) 分析各仪表的使用范围。
(3) 完成理论计算内容,并给出波形间相位差的测量电路图和仿真结果图。

1.5.8 思考题

(1) 如果用万用表替代交流电压表测量表 1.5.1 中两个正弦信号电压幅度,结果会怎样?为什么?
(2) 能否使用万用表或交流电压表测量表 1.5.2 中矩形信号的电压幅度?为什么?
(3) 用示波器观测一个周期矩形信号,波形与测量数据如图 1.5.12 所示,请回答:

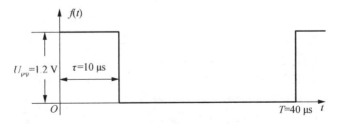

图 1.5.12 某一周期性矩形信号波形

① 函数信号发生器的输出频率和输出幅度应如何预置?

② 若使 U_{pp} 在显示屏上所占的格数发生变化,可以通过改变函数信号发生器的幅度旋钮、示波器垂直偏转灵敏度旋钮或垂直偏转灵敏度微调旋钮等 3 种方法实现,这三种调整方法影响该波形的测量结果吗?为什么?

③ 若调整脉宽 $\tau=20~\mu s$,有几种调整方法,如何实现?

(4) 双踪示波器扫描速度微调旋钮的调整影响相位差的测量结果吗?为什么?

1.6 正弦稳态电路的研究

1.6.1 实验目的

(1) 理解 R、L、C 元件端电压与电流之间的关系。

(2) 研究正弦稳态电路中电压与电流之间的相量关系。

(3) 学习使用双踪示波器测量同频信号相位差的方法。

1.6.2 实验原理

(1) 在正弦激励的动态电路中,其电压、电流均为与激励信号同频率的正弦信号,称为正弦稳态电路。

(2) 正弦稳态电路的分析方法采用相量分析法,电路中电压、电流的矢量依然满足基尔霍夫电压、电流定律,即

$$\sum \dot{U} = 0, \quad \sum \dot{I} = 0$$

(3) 当元件上电流与电压参考方向一致时,R、L、C 元件的伏安关系为

① 电阻 R 两端的正弦电压与流过电阻的正弦电流之间符合公式 $\dot{U}=R\dot{I}$,其电压与电流波形的相位一致,如图 1.6.1 所示。

② 电感 L 两端的正弦电压与流过电感的正弦电流之间符合公式 $\dot{U}=Z_L\dot{I}$,其中,$Z_L=j\omega L$,电压的相位超前电流的相位 $90°$,如图 1.6.2 所示。

③ 电容 C 两端的正弦电压与流过电容的正弦电流之间符合公式 $\dot{U}=Z_C\dot{I}$,其中,$Z_C=1/j\omega C$,电压的相位滞后电流的相位 $90°$,如图 1.6.3 所示。

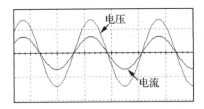
图 1.6.1 电阻上的电压与电流同相

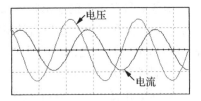
图 1.6.2 电感上电压的相位超前电流 90°

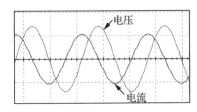
图 1.6.3 电容上电压的相位滞后电流 90°

(4) 取样电阻

在实验中,观测某一支路端电压和流过的电流之间的相位关系时,需要测量电压和电流的波形。由于示波器观测波形时是并接在被测支路两端的,因此,电压的波形可以用示波器方便地观察,而电流的波形就不能用示波器直接观察。通常采用的方法是在被测支路中串入一个阻值较小的取样电阻,把被测电流的波形转换成按相同规律变化的电压波形,然后再用双踪示波器同时观测。

1.6.3 实验内容与步骤

1) 测量 R、L、C 元件上电压与电流的相位关系

(1) 在"动态电路研究模块"实验板上,按图 1.6.4 连接实验电路。将信号源输出端分别与 1P04、1P05、1P06 相连,使 R、L、C 元件分别接入电路;其中,$1L_2 = 15$ mH,$1C_2 = 0.015$ μF,$1R_3 = 1$ kΩ;为了方便测量电流的波形,电路中接入一个 20 Ω 的取样电阻 $1R_2$;$1R_2$ 的一端 1P03 接到 GND;

(2) DDS 信号源输提供正弦交流信号,其频率为 8 kHz,幅度的有效值 $U = 1$ V(用铆孔线将 DDS 端与毫伏表端相连,调整 DDS 信号源幅度,使毫伏表读数为 1.00)。示波器 CH1 的"+"接到 1TP03 测试端,"−"接到 1P03 端,测量经过电感两端的电流;示波器 CH2 的"+"端接到 1P04,"−"端悬空不接,测量通过电感两端的电压;示波器触发源选择 CH2 触发,将 CH1 调到 100 mV/div,CH2 调到 2V/div;此时可在示波器上观测到电感两端的电压与流过电感的电流之间的相位关系,测量时要求读出正弦信号一个周期所占的格数 A,以及两个波形的相位差所占的格数 B。将测量数据填入表 1.6.1。

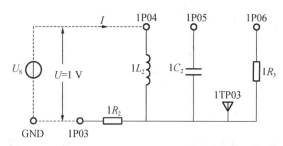

图 1.6.4 测量 R、L、C 元件上电压与电流的相位关系的实验电路

（3）将图 1.6.4 中的电感换成电容（信号源输出端 DDS 与 1P05 相连，示波器 CH2 的"＋"端接到 1P05），用双踪示波器观测电容两端电压与流过电容的电流之间的相位差。将测量数据填入表 1.6.1。

（4）将图 1.6.4 中的电容换成电阻（信号源输出端 DDS 与 1P06 相连，示波器 CH2 的"＋"端接到 1P06），用双踪示波器观测电阻两端电压与流过电阻的电流之间的相位差。完成表 1.6.1。

说明：图中的 $R=20\ \Omega$ 是提供测量电流用的取样电阻。实验中，利用取样电阻上的电压波形代替流经被测元件的电流波形，方便测量相位差。

表 1.6.1 R、L、C 元件上电压与电流的相位差

电压与电流的相位差		电 感	电 容	电 阻
理论值				
双踪示波器测量值	B			
	A			
	相位差			

注意：测量时，为减少测量误差，可调整正弦波周期所占格数为接近于 10 的整数，然后再读取两波形之间相差所占的格数 B。

2）研究 RL 串联电路中电压与电流的相位关系

（1）在"动态电路研究模块"实验板上，按图 1.6.5 连接实验电路。将信号源输出端 DDS 接到 1P04，1P06 接到 GND；其中，$1L_2=15\ \text{mH}$，$1R_3=1\ \text{k}\Omega$；

（2）DDS 信号源提供正弦交流信号，调整其输出频率为 8 kHz，调整其输出幅度使电压有效值 $U=4\ \text{V}$，用交流毫伏表测量各元件上的电压数值，其矢量图如图 1.6.6 所示，并根据测量值计算 U、计算 φ，将测量数据与计算数据分别填入表 1.6.2。

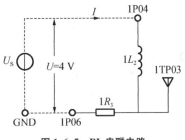
图1.6.5 RL串联电路

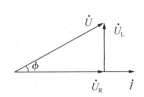
图1.6.6 电路矢量图

(3) 用双踪示波器测量电路中总电压 U 与总电流 I 的相位差 φ，填入表1.6.2。

表1.6.2 研究电压与电流的相量关系

项 目	测量与计算					示波器测量		
	U	U_R	U_L	计算U	计算φ	A	B	测量φ
理论值	4 V							
实测值								

3) 研究 RLC 串联电路的相量关系

(1) 在"动态电路研究模块"实验板上按图1.6.7连接好电路。

(2) 信号源输出幅度的调整方法与前面实验相同，输出频率分别调整为 8 kHz 和 15 kHz，用交流毫伏表分别测量两种频率下各元件上的电压数值，将测量数据填入表1.6.3。

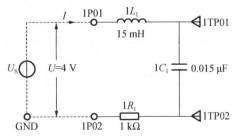
图1.6.7 RLC串联电路

(2) 双踪示波器测量串联电路中总电压 U 与总电流 I 的相位差 φ。将测量数据记入表1.6.3"示波器测量"一栏。

表1.6.3 测定RLC串联电路

f	交流毫伏表						示波器测量		
	U	U_R	U_L	U_C	计算U	计算φ	A	B	测量φ
8 kHz 理论值	4 V						—	—	—
8 kHz 实测值									
15 kHz 理论值	4 V						—	—	—
15 kHz 实测值									

（3）根据上述电路及用交流毫伏表测量的各电压有效值数据，计算总电压 U 和总电流 I 的相位差 φ，填入表 1.6.3；画出两种频率下相量关系图，并分析其电路性质。

1.6.4 实验设备

（1）信号发生器；
（2）示波器；
（3）电路综合实验箱。

1.6.5 预习要求

（1）复习正弦稳态电路的相关知识。
（2）了解本次实验内容和实验原理，计算表 1.6.2、表 1.6.3 的理论值。
（3）仿照前面实验的 Multisim 虚拟仪器使用例题，对表 1.6.2 中各电压幅度以及相位差进行分析和测量。

1.6.6 实验报告要求

（1）列写各实验数据表格。
（2）利用实验测量数据，画出 R、L、C 元件上电压和流过的电流之间的相量关系图；画出 RL、RLC 串联电路相量关系图，并分析电路性质。

1.6.7 思考题

用双踪示波器测量两个同频率正弦量的相位差时，
（1）仪表间如何正确连线？请画图示意。
（2）双踪示波器的主要旋钮如何预置？
（3）双踪示波器扫描速度微调旋钮的调整影响相位差的测量吗？

1.7 互感耦合电路的研究

1.7.1 实验目的

（1）用实验方法测定两个线圈的同名端。
（2）用实验方法测定互感线圈的互感量 M。
（3）观察互感耦合电路次级负载对初级回路的影响。

1.7.2 实验原理

图 1.7.1 表示具有磁耦合的两个线圈。根据同名端的定义,当电流 I_1、I_2 同时从 1、3 流入(流出)两线圈时,两线圈中自感磁链与互感磁链方向一致,则 1、3 或 2、4 为同名端;反之,1、4 或 2、3 为同名端。若线圈的绕向和相互位置无法判别时,可根据同名端的定义,用实验的方法确定。

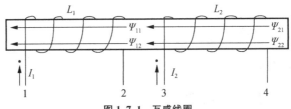

图 1.7.1　互感线圈

1) 测定两个线圈同名端的原理

(1) 用直流通断法测两个线圈的同名端

两个线圈的同名端具有同极性的特点,即当初级线圈接通直流电源的瞬间,初级线圈接电源正极的一端与次级线圈产生感应电压正极的一端为同名端。根据这一特性,可按照图 1.7.2 连接电路,线圈 L_1 的 1 端接直流电源正极,用万用表测量线圈 L_2 的 3、4 端电压,观察在开关 S 闭合的瞬间万用表指针偏转的情况,判断次级线圈感应电压的极性,确定两个线圈的同名端,如万用表指针正向偏转,则次级线圈连接万用电表正极的一端与初级线圈 L_1 的 1 端为同名端。测量时如万用表指针反向偏转,则连接万用表正极的一端与初级线圈 L_1 的 1 端为异名端。

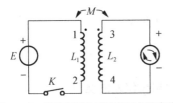
图 1.7.2　直流通断法测线圈同名端电路

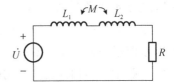
图 1.7.3　等效电感法测线圈同名端电路

(2) 用等效电感法测定两个线圈的同名端

两个存在互感的线圈顺串时,磁通互相增强,总等效电感量增大;反串时,磁通部分地抵消,总等效电感量减小。根据这一特性,可以按图 1.7.3 连接电路,线圈 L_1 的一端分别与线圈 L_2 的两端相连,分别测量出两种串联方法时的总等效电感量,判断两线圈是顺串或反串,确定两个线圈的同名端。

总等效电感量可以用万用电桥、高频 Q 表等仪器直接测量,也可以用伏安法间接测量,图 1.7.3 中电阻 R 为用交流毫伏表间接测量电流值的取样电阻。

2）测定互感线圈互感量 M 的原理

（1）用等效电感法测量 M

用等效电感法测量 M 的电路如图 1.7.3 所示。

两个互感线圈顺串时总等效电感量为：

$$L_{顺}=L_1+L_2+2M$$

两个线圈反串时总等效电感量为：

$$L_{反}=L_1+L_2-2M$$

由前面二公式可求得互感量 M 为：

$$M=\frac{L_{顺}-L_{反}}{4}$$

因此只需测量出两个互感线圈顺串时的总等效电感量 $L_{顺}$ 和反串时的总等效电感量 $L_{反}$，就可从上式中求出互感量 M 的值。

这种方法的主要缺点是测量准确度不高，特别是在 M 值很小时，此时 $L_{顺}$ 与 $L_{反}$ 数值非常接近，即使 $L_{顺}$、$L_{反}$ 的测量相对误差很小，M 值的相对误差也可能很大。

（2）用互感电压法测量 M

互感电压法测量 M 的电路如图 1.7.4 所示，在互感耦合电路中初级线圈接信号源，电压为 $\dot{U}$，初级电流为 $\dot{I}_1$，当次级线圈开路时，次级线圈产生的感应电压为 $\dot{E}_2$，则 $\dot{E}_2=j\omega M \dot{I}_1$，故

$$M=\frac{E_2}{\omega I_1}$$

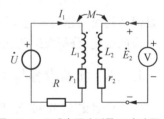

图 1.7.4　互感电压法测量 M 电路图

上式中 ω 已知，只需测出当次级线圈开路时的初级电流 I_1 和次级感应电压 E_2，即可计算出 M 值。图中初级回路中的电阻 R 为间接测量 I_1 的取样电阻。

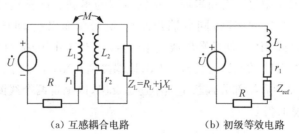

（a）互感耦合电路　　　　（b）初级等效电路

图 1.7.5　互感电路中次级负载对初级谐振频率的影响

3) 互感耦合电路次级负载对初级回路的影响

如图 1.7.5(a)所示,互感耦合电路次级接入负载 Z_L,图 1.7.5(b)为其初级等效电路,其中 Z_{ref} 为次级回路总阻抗 Z_{22} 反映到初级的阻抗,称为反映阻抗,即

$$Z_{ref} = \frac{(\omega M)^2}{Z_{22}}$$

其中 $Z_{22} = r_2 + j\omega L_2 + Z_L = (r_2 + R_L) + j(\omega L_2 + X_L) = R_{22} + jX_{22}$。

由此可知,初级回路的阻抗为:

$$Z = Z_{11} + Z_{ref} = (R + r_1 + j\omega L_1) + \frac{(\omega M)^2}{R_{22} + jX_{22}}$$
$$= \left[R + r_1 + \frac{(\omega M)^2}{R_{22} + jX_{22}} R_{22}\right] + j\left[\omega L_1 + \frac{-(\omega M)^2}{R_{22} + jX_{22}} X_{22}\right]$$

由上式可知:次级回路电阻 R_{22} 反映到初级回路仍为电阻,次级回路电抗 X_{22} 反映到初级回路仍为电抗 $\left[\frac{-(\omega M)^2}{R_{22} + jX_{22}} X_{22}\right]$,但符号相反。若次级电抗 X_{22} 为容性,则反映到初级回路的电抗为感性,表明次级负载直接影响初级回路总阻抗的性质。

次级回路的负载对初级回路的影响可以通过实验的方法进行观察,具体方法是保持初级回路输入电压不变,当次级线圈连接的负载发生变化时,观测初级回路电流的变化,分析次级负载对初级回路的影响。

1.7.3 实验内容与步骤

1) 测定实验板上两个线圈的同名端

(1) 按图 1.7.3 所示在"负阻电路研究模块"实验板上搭建电路,实验原理图如图 1.7.6 所示。采用等效电感法来判断线圈的同名端。其中函数信号发生器输出频率为 10 kHz,电压有效值为 4 V 的正弦波。R 为 100 Ω 取样电阻,做间接测量电流值用。测量时两线圈间距离为 2 cm。

(2) 将 L_1 线圈和 L_2 线圈串联。互感线圈的串联有两种接法——顺向串联(即异名端相连)和反向串联(同名端相连)。信号源输出端 DDS 与 3P08 相连;3P09 连到 3P10(或 3P11,使其顺串或反串连接);3P11(3P10)接到 GND。

(3) 示波器 CH1 的测试端接到 3P08,地端接到 GND,测试不同接法时的总电感 L,根据实验原理介绍部分判断是顺串还是反串,以测定两个线圈的同名端。将测量数据填入表 1.7.1。

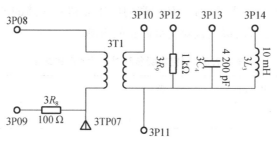

图1.7.6 实验原理图

表1.7.1 测定同名端

项目		第一次测量	第二次测量
连接顺序			
I(mA)			
结论	顺、反串		
	同名端		

2）测定实验箱上两个线圈的距离为 2 cm 时的互感量 M

分别用等效电感法（实验电路连接同 1 实验）和互感电压法（信号源输出端 DDS 直接接到 3P08；3P09 接到 GND；次级线圈开路；用万用表电压挡测量 3P10 与 3P11 之间的电压值 E_2 以及初级线圈中的电流 I_1（3R8 两端的电压值））。根据测量数据，计算两线圈间的互感量 M，电路如图 1.7.3 和图 1.7.4 所示，数据填入表 1.7.2。

表1.7.2 测定互感量 M

项目	等效电感法					互感电压法		
	顺串		反串		M	I_1	E_2	M
距离	$I_顺$	$L_顺$	$I_反'$	$L_反$				
2cm								

3）观察互感耦合电路的次级负载对初级回路的影响

如图 1.7.7 所示，函数信号发生器输出频率为 10 kHz，电压有效值为 4 V 的正弦波，取 R = 100 Ω，当次级负载如表 1.7.3 中所示时，分别测定初级回路的电流。

（1）信号源输出端接到 3P08；3P09 接到 GND；3P103 分别与 3P12 相连（接入负载 R）、3P13 相连（接入负载 C）、3P14 相连（接入负载 L）。

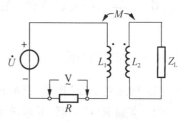

图1.7.7 研究次级负载对初级回路的影响

(2) 示波器接到 3TP07，测试 R 两端的电压即初级回路的电流。测量数据填入表 1.7.3 中，并分析次级负载对初级回路的影响。

表 1.7.3 研究次级负载对初级回路的影响

次级负载	开 路	短 路	$C=4\,200$ pF	$L=1.5$ mH	$R=470\,\Omega$
U_R(V)					
I_1(mA)					

1.7.4 实验设备

(1) 万用表；

(2) 示波器；

(3) 电路综合实验箱。

1.7.5 预习要求

(1) 复习互感耦合电路的相关知识。

(2) 了解本次实验内容，看懂实验原理。

1.7.6 实验报告要求

(1) 整理实验数据，进行必要的计算。

(2) 总结测量方法，分析实验数据。

1.7.7 思考题

(1) 如何判定两耦合线圈的同名端？

(2) 两个线圈之间的互感量与哪些因素有关？

(3) 在互感耦合电路中次级负载对初级回路的影响与哪些因素有关？

1.8 串、并联谐振电路的研究

1.8.1 实验目的

(1) 加深对 RLC 串联、并联谐振电路特性的理解。

(2) 掌握 RLC 串联、并联电路的调谐方法。

(3) 掌握测定谐振曲线、通频带及特性参数的方法。

(4) 研究 RLC 串联、并联电路负载对谐振电路特性的影响。

1.8.2 实验原理

1) RLC 串联谐振电路

(1) 谐振的概念

如图 1.8.1 所示为 RLC 串联电路,当信号源频率 f 等于某一频率 f_0 时,电路等效电抗等于零,即 $\omega_0 L - \dfrac{1}{\omega_0 C} = 0$,电路等效阻抗呈纯阻性,此时电路处于串联谐振状态。

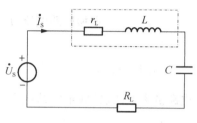

图 1.8.1 RLC 串联谐振电路

谐振频率 $f_0 = \dfrac{1}{2\pi\sqrt{LC}}$,仅由电路的元件参数 L、C 决定,所以 f_0 又叫电路的固有频率。

使电路产生谐振的方法有两种,即改变信号源频率使其等于电路的固有频率;或者改变电路的元件参数 L、C,即改变电路的固有频率使其等于信号源频率。

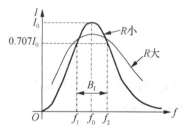

图 1.8.2 串联谐振曲线

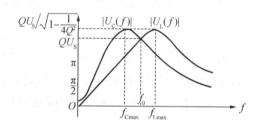

图 1.8.3 U_C、U_L 与 f 关系曲线

(2) 串联电路谐振特性

串联电路电流 I 与信号源频率 f 的关系曲线称为串联谐振曲线,如图 1.8.2 所示,由图可知,谐振时 $I = I_0$ 电流最大。

图 1.8.3 为电容电压 U_C、电感电压 U_L 与信号源频率 f 的关系曲线。由图可知:

$$f = f_{C\max}, U_{C\max} = \dfrac{Q}{\sqrt{1 - \dfrac{1}{4Q^2}}} U_S; f = f_{L\max}, U_{L\max} = \dfrac{Q}{\sqrt{1 - \dfrac{1}{4Q^2}}} U_S$$

并且 $U_{C\max} = U_{L\max}$,但是 $f_{C\max} \leqslant f_{L\max}$,当 $Q \geqslant 10$ 时,$f_{C\max} \approx f_0 \approx f_{L\max}$,串联谐振时,

谐振阻抗: $Z_{OP} = R = R_L + r_L = \dfrac{\rho}{Q}$,最小;

特性阻抗：$\rho = \omega_0 L = \dfrac{1}{\omega_0 C} = \sqrt{\dfrac{L}{C}} = Z_{\mathrm{OP}} \cdot Q$；

电路的品质因数：$Q = \dfrac{\omega_0 L}{R} = \dfrac{1}{\omega_0 CR} = \dfrac{\rho}{R} = \dfrac{1}{R}\sqrt{\dfrac{L}{C}}$；

电容电压等于电感电压：$\dot{U}_C = -jQ\dot{U}_S, \dot{U}_L = jQ\dot{U}_S$；

谐振回路电流：$\dot{I}_0 = \dfrac{\dot{U}_S}{R}$，最大。

由图 1.8.2，$I \geqslant 0.707 I_0$ 所对应的频率范围为串联电路的通频带，$B_f = \dfrac{f_0}{Q}$。当电路的参数 L、C 确定的情况下（即 f_0 一定），Q 的大小只取决于 R 的大小，$Q = \dfrac{1}{R}\sqrt{\dfrac{L}{C}}$，这说明 R 越大，Q 越小，B_f 越大，电路的选择能力越差，如图 1.8.2 所示，所以 Q 用来衡量谐振曲线的陡峭程度，反映了电路对输入信号频率的选择能力。

2) RLC 并联谐振电路

RLC 并联谐振电路与串联谐振电路相对偶。当 $f = f_0 = \dfrac{1}{2\pi\sqrt{LC}}$，$\omega_0 L - \dfrac{1}{\omega_0 C} = 0$ 时，响应电压与激励电流同相，并联电路谐振。

响应电压与信号源频率 f 的关系曲线称为并联谐振曲线。RLC 并联电路谐振曲线与串联电路的谐振曲线相同，只是纵轴为并联电路两端电压，谐振时 $U = U_0$ 电压最大。$I_L \sim f$，$I_C \sim f$ 曲线与串联电路 $U_L \sim f$，$U_C \sim f$ 相同。

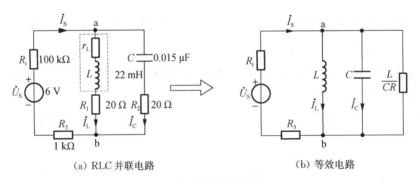

(a) RLC 并联电路　　(b) 等效电路

图 1.8.4　并联谐振电路

实际的 RLC 并联电路如图 1.8.4(a)所示，并联谐振电路以电流源作为激励，对 ab 端并联电路而言，信号源支路可认为恒流源，假设其电流为 $\dot{I}_S$，则：

$$\dot{U}_{ab} = Z_{ab}(j\omega)\dot{I}_S$$

$$Z_{ab}(j\omega) = \frac{(r_L + R_1 + j\omega L)(R_2 + \frac{1}{j\omega C})}{r_L + R_1 + j\omega L + R_2 + \frac{1}{j\omega C}}$$

由于线圈损耗 r_L 较小，R_1、R_2 为测量电流用的小电阻，在谐振频率附近 $\frac{1}{\omega C} \gg R_2$，$\omega L \gg (r_L + R_1)$，因此，设 $r_L + R_1 + R_2 = R$，R 为 L、C 闭合回路总电阻，则

$$Z_{ab}(j\omega) = \frac{\frac{L}{C}}{R + j(\omega L - \frac{1}{j\omega C})} = \frac{1}{\frac{C}{L}R + j(\frac{1}{j\omega C} - \omega L)}$$

导纳为：

$$Y_{ab}(j\omega) = \frac{1}{Z_{ab}(j\omega)} = \frac{C}{L}R + j(\frac{1}{j\omega C} - \omega L)$$

由此可得，RLC 并联谐振等效电路如图 12.4(b)，谐振时 $\frac{1}{\omega C} - \omega L = 0$，$f_0 \approx \frac{1}{2\pi\sqrt{LC}}$。

并联谐振时，

谐振阻抗：$Z_{OP} = \frac{L}{CR} = \frac{L}{C(r_L + R_1 + R_2)} = \rho Q$，最大；

特性阻抗：$\rho = \omega_0 L = \frac{1}{\omega_0 C} = \sqrt{\frac{L}{C}} = \frac{Z_{OP}}{Q}$；

电路的品质因数：$Q = \frac{\omega_0 L}{R} = \frac{1}{\omega_0 CR} = \frac{\rho}{R} = \frac{1}{R}\sqrt{\frac{L}{C}}$；

电容支路电流、电感支路电流：$\dot{I}'_{C0} = jQ\dot{I}_S$，$\dot{I}'_{L0} = -jQ\dot{I}_S$，$I_{C0} \approx I_{L0}$；

谐振回路电压：$\dot{U}_0 = Z_{OP}\dot{I}_S$，最大。

并联电路的通频带，$B_f = \frac{f_0}{Q}$。

1.8.3　实验内容与步骤

1) 串联谐振电路

(1) 按照电路图 1.8.5 在"谐振电路研究模块"实验板上连接电路。信号源输出端 DDS 接到 3P05；3P06 接到 GND；使正弦信号接入 RLC 串联电路。

(2) 调节信号源参数,使输入电压 $U=1$ V, $f=10$ kHz;示波器 CH1 接到 3P05,CH2 接到 3TP05 测试点,观测输入信号及电路谐振后的输出信号;调节电路电容 3C3,使电路谐振于 10 kHz。

(3) 测量电路处于谐振状态时,电路中各元件上的电压,填入表 1.8.1。

(4) 计算电路的谐振特性参数(即谐振阻抗 Z_{OP}、特性阻抗 ρ、Q 值和通频带 B_f)及电路元件实际值,将数据填入表 1.8.2 中。

(5) 测绘出上述电路的谐振曲线 $I\sim f$,其频率范围为 4~16 kHz,并由谐振曲线求通频带 B_f 和 Q 值。测量数据记入表 1.8.3。注意其电压最大值时 f_0(电流 I_0)及半功率点 $f_1,f_2(I=0.707\ I_0)$ 的测量。

(6) 在上述电路中再串入 1 kΩ 电阻 R_L(即将与 GND 相连的 3P06 端改成 3P07 端),测定串入负载电阻后谐振电路的特性参数,说明负载接入对原谐振电路的影响。数据填入表 1.8.1 和表 1.8.2 中"接负载"一栏。

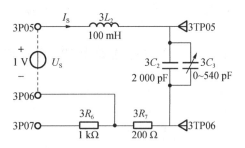

图 1.8.5 串联谐振实验电路

表 1.8.1 串联谐振电路各测量值

直接测量项目		f_0(kHz)	U(V)	U_{R1}(V)	U_{L0}(V)	U_{C0}(V)
不接负载	理论值	10.0	1.0			
	实测值	10.0	1.0			
接负载	实测值	10.0	1.0			

表 1.8.2 串联谐振电路特性参数及元件实际值

间接测量项目		I_0(mA)	Z_{op}(Ω)	ρ(Ω)	Q	B_f(Hz)	C(pF)	L(mH)	r_L(Ω)
不接负载	理论值								
	计算值								
接负载	实测值								

表 1.8.3　串联谐振电路谐振曲线

f(kHz)	4	...	f_1	...	f_0	...	f_2	...	16
U_{R1}(mV)									
I(mA)									
$I(I_0)$			0.71		1		0.71		

2) 并联谐振电路

(1) 按照电路图 1.8.6 在"谐振电路研究模块"实验板上连接电路。信号源输出端 DDS 连到 3P01;3P04 接到 GND;示波器 CH1 接到 3P01,CH2 接到 3P02;测量输入信号及谐振后输出信号。

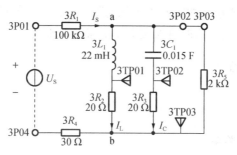

图 1.8.6　并联谐振电路

(2) 正弦信号接入 RLC 并联电路,调输入电压 $U=2$ V,改变信号源频率,使并联电路谐振,测出谐振频率 f_0,并按表 1.8.4 测定该谐振电路各电压或各支路电流,并由此计算谐振电路特性参数及元件实际值,数据填入表 1.8.5。

表 1.8.4　并联谐振电路各测量值

直接测量项目		f_0(kHz)	U_{ab}(V)	I_S(mA)	I_{L0}(mA)	I_{C0}(mA)
不接负载	理论值					
	实测值					
接负载	实测值					

表 1.8.5　并联谐振电路特性参数及元件实际值

间接测量项目		Z_{OP}(Ω)	ρ(Ω)	Q	B_f(Hz)	C(pF)	L(mH)
不接负载	理论值						
	计算值						
接负载	实测值						

(3) 测绘出上述电路的谐振曲线 $U \sim f$，其频率范围为 $2 \sim 14$ kHz，并由谐振曲线求通频带 B_f 和 Q 值。测量数据记入表 1.8.6。注意其电压 U_{ab} 最大值时 f_0 及半功率点 $f_1, f_2 (U = 0.707 U_0)$ 的测量。

表 1.8.6　并联谐振电路谐振曲线

f(kHz)	2	…	f_1	…	f_0	…	f_2	…	14
U_{ab}(mV)									
U/U_0			0.71		1		0.71		

(4) 在上述电路 ab 两端并联一只 2 kΩ 负载电阻（即在上述实验电路的基础上，将 3P02 与 3P03 相连），测定并入负载电阻后谐振电路的特性参数，说明负载接入对原谐振电路的影响。数据填入表 1.8.4 和表 1.8.5。

1.8.4　实验设备

(1) 万用表；

(2) 示波器；

(3) 电路综合实验箱。

1.8.5　预习要求

(1) 复习与本次实验有关的理论。

(2) 计算图 1.8.5 所示电路谐振于 10 kHz 时的各测量值和特性参数。其中，假定电感线圈电感量 $L = 100$ mH，其损耗电阻 $r_L = 150$ Ω。将数据填入表 1.8.1 和表 1.8.2。

说明在测量 U_R、U_L、U_C 时交流电压表或真空管毫伏表量程选择开关应置于哪一挡？

(3) 并联电路如图 1.8.6 所示。图中电感量 L 为 22 mH，电感线圈的损耗电阻为 45 Ω。试求：

① 求谐振频率 f_0。

② 当 a、b 端接负载 $R_L = \infty$ 和 $R_L = 2$ kΩ 时，求谐振回路的 Q 值。

1.8.6　实验报告要求

(1) 整理实验数据，进行必要的计算，绘制谐振曲线。

(2) 总结测量方法，分析实验数据。

1.8.7 思考题

(1) 除了实验中已使用的调谐方法外,请想一想还能用什么方法监测简单串、并联谐振电路谐振?

(2) 你会用哪些方法测量一个谐振电路的 Q 值?

(3) 你会用哪些方法测量一个谐振电路的通频带?

(4) 为什么在图 1.8.6 并联谐振电路中,对 a、b 端并联电路而言,信号源支路可认为是恒流源?

2 信号与系统实验

2.1 一阶动态电路的暂态响应

2.1.1 实验目的

(1) 掌握一阶动态电路暂态响应的分析原理。
(2) 掌握一阶动态电路时间常数对暂态响应的影响。
(3) 进一步掌握 Multisim 仿真分析在系统响应实验中的应用。

2.1.2 实验原理

1) 实验电路

含有电容、电感等储能元件的电路通常可以用微分方程来描述输入输出关系，微分方程的阶数取决于电路中独立动态元件的个数。一阶动态电路是指电路中仅含有一个独立动态元件的电路。根据电路中动态元件的类型，通常有 RC 电路和 RL 电路两种。图 2.1.1 和图 2.1.2 分别给出了 RC 电路与 RL 电路的基本连接示意图。

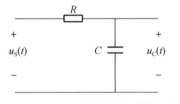
图 2.1.1 RC 电路连接示意图

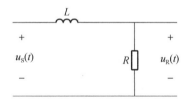
图 2.1.2 RL 电路连接示意图

根据元件的伏安关系和基尔霍夫定律，可以列写出一阶动态电路的微分方程为：

$$\frac{\mathrm{d}}{\mathrm{d}t}y(t) + \frac{1}{\tau}y(t) = bf(t)$$

根据给定的初始条件和激励信号，即可求得一阶电路的零输入响应和零状态

响应。当系统的激励信号为直流信号时,可得系统响应表达式为:
$$y(t)=y(\infty)+[y(0_+)-y(\infty)]\mathrm{e}^{-\frac{t}{\tau}}$$
其中,$y(0_+)$表示响应在$t=0_+$时刻的取值,$y(\infty)$表示$t=\infty$达到新的稳态时响应的取值,τ为时间常数。其中 RC 电路中$\tau=RC$,RL 电路中$\tau=\frac{L}{R}$,R 为电路的等效电阻。

2) 响应分析

根据响应产生的原因,可以分为零输入响应和零状态响应。一阶动态电路中,零输入响应的通式为$y(t)=y(0_+)\mathrm{e}^{-\frac{t}{\tau}}$,状态变量的零状态响应为$y(t)=y(\infty)(1-\mathrm{e}^{-\frac{t}{\tau}})$。其中$\tau$为时间常数,体现了过渡过程变化的快慢。从表达式可以看出,零输入响应的瞬态电压从$t=0$起由最大值按指数规律衰减;零状态响应,瞬态电压从$t=0$起由0逐渐上升最后至最大值。

以衰减波形为例,利用每隔τ衰减为原来的$\frac{1}{\mathrm{e}}=0.368$。设起始电压$U_0=1$,则$u(\tau)=\mathrm{e}^{-\frac{t}{\tau}}|_{t=\tau}=\frac{1}{\mathrm{e}}$,$u(2\tau)=\mathrm{e}^{-2}=u(\tau)\frac{1}{\mathrm{e}}$。依此规律只要在暂态响应曲线上找出 1 和 0.368 两点的横坐标之间的距离,此距离就是时间常数τ,如图 2.1.3 所示。

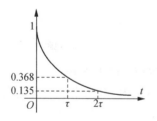 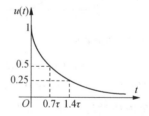

图 2.1.3 根据指数规律测算 τ 图 2.1.4 利用半衰期测算 τ

另一种计算时间常数τ的方法是利用半衰期的概念。起始电压$U_0=1$,从$t=0$开始,设暂态电压衰减为起始值的一半时的时间为t_1,$u(t_1)=\mathrm{e}^{-\frac{t}{\tau}}=\frac{1}{2}$,则$t_1=\tau\ln 2=0.7\tau$;当$t=2t_1$时,$u(2t_1)=\mathrm{e}^{-\frac{2t_1}{\tau}}=(\frac{1}{2})^2=u(t_1)\times\frac{1}{2}=\frac{1}{4}$。其规律是:每隔$0.7\tau$暂态电压衰减为原来的一半,因此$0.7\tau$称为半衰期。依此规律只要在暂态响应曲线上找出 1 和$\frac{1}{2}$这两点的横坐标之间的距离,此距离就是半衰期0.7τ,由此可求得时间常数τ,如图 2.1.4 所示。

由于响应的暂态过程比较短暂且为非周期的,因此在实验中,为方便观测实验现象,通常采用如图 2.1.5 所示周期矩形脉冲信号代替直流信号,以便能观察到稳定的波形变化。

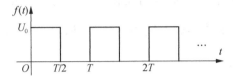

图 2.1.5 周期矩形脉冲信号波形

以图 2.1.1 所示的 RC 电路为例,在 $0 \sim T/2$ 时间范围内,激励信号取值为 U_0,电容进行充电,电容电压 $u_C(t)$ 呈指数增长波形。当 T 足够大$[T/2 > (3 \sim 5)\tau]$ 时,可以认为在 $t = T/2$ 时刻,电容充电完毕,$u_C(t) = U_0$。在 $T/2 \sim T$ 时间范围内,激励信号取值为 0,此时电容放电,其电压 $u_C(t)$ 呈指数衰减波形,在 $t = T$ 时刻,电容放电完毕,$u_C(t) = 0$。RC 电路中电容电压、电阻电压的波形分别如图 2.1.6(a)、(b)所示。其中电阻电压反映了充电和放电时电流的波形。

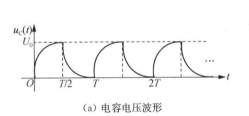
(a) 电容电压波形

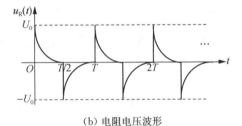
(b) 电阻电压波形

图 2.1.6　$T/2 > (3 \sim 5)\tau$ 时电容电压、电阻电压波形

而当 $T/2 < (3 \sim 5)\tau$ 时,在 $0 \sim T/2$ 时间范围内,电容未能完全充满电,此时电容电压、电阻电压的波形分别如图 2.1.7 所示。

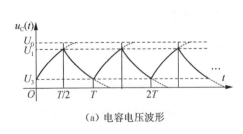
(a) 电容电压波形

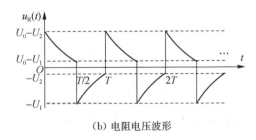
(b) 电阻电压波形

图 2.1.7　$T/2 < (3 \sim 5)\tau$ 时电容电压、电阻电压波形

2.1.3 实验内容与步骤

1) 实验电路连接

实验中采用信号发生器产生激励信号,利用双踪示波器观测激励和相应波形,测量电路如图 2.1.8 所示。

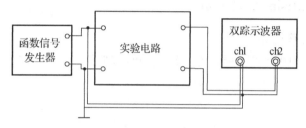

图 2.1.8 实验电路

2) 矩形信号通过 RC 电路

(1) 调节信号源,输出频率 $f=2.5$ kHz,占空比为 50%,幅度为 $2U_{p-p}$ 的周期矩形脉冲信号;

(2) 按照图 2.1.1 连接电路,观测输出波形;

(3) 根据 R、C 计算出时间常数 τ;

(4) 根据实际观测到的波形计算出实测的时间常数 τ;

(5) 改变元件的参数值,重复上面的计算,将结果填入表 2.1.1 中。

表 2.1.1 一阶 RC 电路

$R(k\Omega)$	$C(pF)$	$\tau=RC(\mu s)$	实测 τ 值
10	2 200		
10	4 700		
20	2 200		
20	4 700		

3) 矩形信号通过 RL 电路

(1) 调节信号源,输出频率 $f=2.5$ kHz,占空比为 50%,幅度为 $2U_{p-p}$ 的周期矩形脉冲信号;

(2) 按照图 2.1.2 连接电路,观测输出波形;

(3) 根据 R、L 计算出时间常数 τ;

(4) 根据实际观测到的波形计算出实测的时间常数 τ;

(5) 改变元件的参数值,重复上面的计算,将结果填入表 2.1.2 中。

表 2.1.2 一阶 RL 电路

R(kΩ)	L(mH)	$\tau=L/R(\mu s)$	实测 τ 值
1	10		
0.47	10		

2.1.4　Multisim 仿真分析

1) RC 电路仿真

在 Multisim 中调取所用元件,设定参数,按照图 2.1.9 连接电路,观察信号波形。

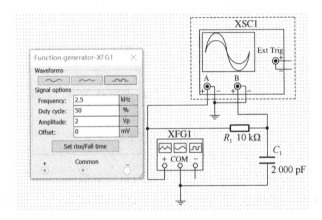

图 2.1.9　RC 电路 Multisim 仿真电路

当 $R=10$ kΩ,$C=2\,000$ pF 时,信号源输入信号和电容电压波形如图 2.1.10(a)所示。此时,信号半周期为 0.2 ms,$\tau=RC=20$ μs≪$T/2$,因此在半个周期内电容能充电完全,放电完全。图中电容电压 $u_C(t)$ 为最大值的一半,此时横坐标位置距离最小值约为 0.14 div,从示波器中可以看出此时扫描速率为 100 μs/div,时间约为 14 μs。按照半衰期测算 τ 的方法有 $0.7\tau=14$ μs,即 $\tau=20$ μs 与理论数值一致。

改变电阻、电容参数值,电容电压的波形变化情况分别如图 2.1.10(b)、(c)、(d)所示。从图中可以看出,当 $\tau=RC$ 增大时,电容充满电所需时间增加。

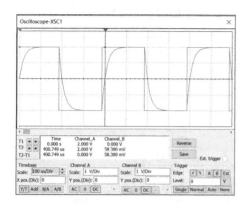
(a) $R=10 \text{ k}\Omega, C=2\ 200 \text{ pF}$

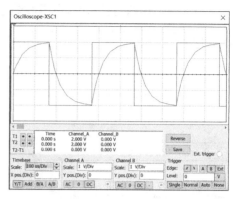
(b) $R=10 \text{ k}\Omega, C=4\ 700 \text{ pF}$

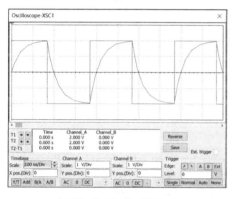
(c) $R=20 \text{ k}\Omega, C=2\ 200 \text{ pF}$

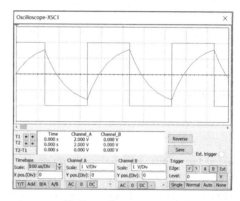
(d) $R=20 \text{ k}\Omega, C=4\ 700 \text{ pF}$

图 2.1.10　R、C 参数改变时电容电压波形

观察电阻两端电压变化时,由于仪器使用需要接地,此时电路连接结构发生变化,如图 2.1.11 所示。

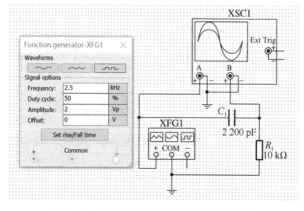

图 2.1.11　RC 电路中观测电阻电压时仿真电路

仍选择上述四组参数时,电阻两端电压变化情况如图2.1.12所示。

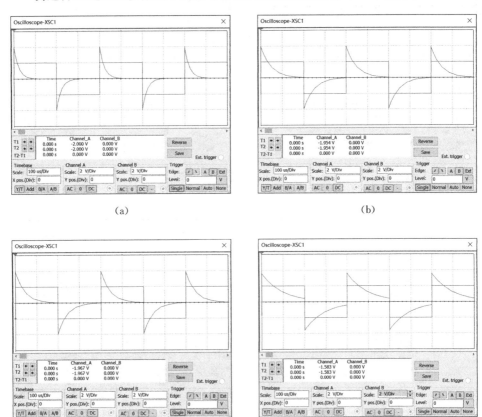

图 2.1.12　R、C 参数改变时电阻电压波形

2) RL 电路仿真

RL 电路的 Multisim 仿真电路如图 2.1.13 所示。

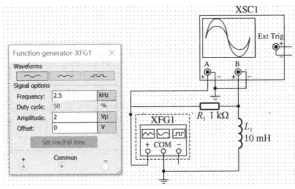

图 2.1.13　RL 电路 Multisim 仿真电路

设置电感参数为 $L=10$ mH,电阻参数分别为 $R_1=1$ kΩ, $R_2=0.47$ kΩ 时,电感电压和电阻电压波形分别如图 2.1.14 所示。此时时间常数 τ 的计算方法与 RC 电路类似。

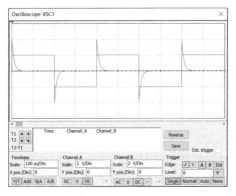
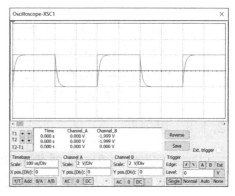

(a) $L=10$ mH, $R_1=1$ kΩ 时电感电压、电阻电压波形

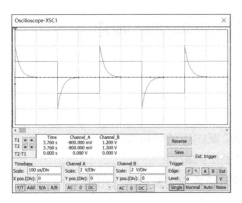
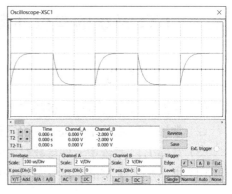

(b) $L=10$ mH, $R_2=0.47$ kΩ 时电感电压、电阻电压波形

图 2.1.14　RL 电路仿真结果

2.1.5　实验设备

(1) 双踪示波器;
(2) 函数信号发生器;
(3) 信号与系统实验箱。

2.1.6　预习要求

(1) 一阶动态电路模型建立。
(2) 一阶动态电路响应分析。

2.1.7 实验报告要求

(1) 列表整理测量结果,并把实测的时间常数值与理论计算值进行比较,分析产生误差原因。

(2) 总结一阶动态电路中元件参数变化对元件电压波形的影响。

(3) 讨论时间常数 τ 的作用。

(4) 分析讨论在调试过程中出现的问题。

(5) 总结实验过程、方法和问题。

2.1.8 思考题

(1) 当 $T/2 < (3 \sim 5)\tau$ 时,暂态响应的时间常数怎么计算?

(2) 在 RC 电路中,R 的值和 C 的值分别对响应结果有什么影响?

(3) 在 RL 电路中,R 的值和 L 的值分别对响应结果有什么影响?

2.2 LTI 系统的单位冲激响应和阶跃响应

2.2.1 实验目的

(1) 掌握 LTI 系统响应分析的基本原理。

(2) 掌握 LTI 系统中单位冲激响应和阶跃响应的分析方法。

(3) 掌握 LTI 系统中元件参数对阶跃响应的影响。

(4) 进一步掌握 Multisim 仿真分析在系统响应实验中的应用。

2.2.2 实验原理

1) 实验电路

线性时不变系统的数学模型为常系数微分方程,其一般形式为:

$$a_n \frac{d^n r(t)}{dt^n} + a_{n-1} \frac{d^{n-1} r(t)}{dt^{n-1}} + \cdots + a_1 \frac{dr(t)}{dt} +$$

$$a_0 r(t) = b_m \frac{d^m e(t)}{dt^m} + b_{m-1} \frac{d^{m-1} e(t)}{dt^{m-1}} + \cdots b_1 \frac{de(t)}{dt} + b_0 e(t)$$

当系统模型固定时,a_i、b_j 为确定数值,给定激励 $e(t)$ 即可确定系统的响应 $r(t)$。

当激励信号较为复杂时,一般可根据信号的分解特性,将激励信号分解为单位冲激信号或是单位阶跃信号的叠加。结合系统的线性特性,可先计算出在单位冲激信号或是单位阶跃信号作用下的响应,然后将响应叠加,即可得到复杂信号经过系统的零状态响应。因此分析系统的单位冲激响应和单位阶跃响应很有必要。

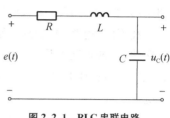

图 2.2.1　RLC 串联电路

本节中以二阶动态电路为例分析系统的响应。如图 2.2.1 所示的 RLC 串联电路即为常见的二阶系统。

其微分方程为:

$$\frac{d^2}{dt^2}u_C(t)+\frac{R}{L}\frac{d}{dt}u_C(t)+\frac{1}{LC}u_C(t)=\frac{1}{LC}e(t)$$

2) 系统特性分析

(1) 单位冲激响应

单位冲激响应是指单位冲激信号 $\delta(t)$ 作用下的零状态响应,通常用 $h(t)$ 表示。RLC 串联电路中,单位冲激响应满足方程:

$$\frac{d^2}{dt^2}h(t)+\frac{R}{L}\frac{d}{dt}h(t)+\frac{1}{LC}h(t)=\frac{1}{LC}\delta(t)$$

由于单位冲激信号在 $t\neq 0$ 时,取值均为零,因此当 $t\geq 0_+$ 时,有:

$$\frac{d^2}{dt^2}h(t)+\frac{R}{L}\frac{d}{dt}h(t)+\frac{1}{LC}h(t)=0$$

单位冲激响应的表达式与零输入响应一致,$h(t)=(A_1 e^{-\lambda_1 t}+A_2 e^{-\lambda_2 t})\varepsilon(t)$,$\lambda_1$、$\lambda_2$ 为系统齐次方程的特征根。可以看出,$h(t)$ 的表达式形式只与系统本身有关,所以单位冲激响应体现了系统本身的特性。$t<0$ 时系统的起始状态 $h(0_-)=h'(0_-)=0$,冲激信号 $\delta(t)$ 在 $t=0$ 时刻作用于系统,这个瞬间的作用将转化为系统新的状态,因此 $h(0_+)$,$h'(0_+)$ 不为零。单位冲激响应 $h(t)$ 可通过时域的冲激匹配法计算,也可通过系统函数 $H(s)$ 计算得到。

由于实际中不存在冲激信号,因此在实验中,可以将周期矩形信号经过 RC 微分电路来实现。

(2) 单位阶跃响应

单位阶跃响应是指单位阶跃信号 $\varepsilon(t)$ 作用下的零状态响应,一般用 $g(t)$ 表示。根据线性时不变系统的微积分特性可知,由于 $\varepsilon(t)=\int_{-\infty}^{t}\delta(\tau)d\tau$,所以单位阶跃响应 $g(t)$ 是单位冲激响应 $h(t)$ 的积分。在实验中为方便观测实验现象,通常采用周期矩形脉冲信号代替阶跃信号,以便能观察到稳定的波形变化。

在 RLC 电路中,受到激励通后,电容中的电场储能和电感中的磁场储能会互相转化,形成振荡波形。由于电路中还存在电阻元件,需要消耗储能,因此一般为衰减振荡或称阻尼振荡。根据电路中电阻元件的阻值大小,通常会有以下 3 种情况:

① $R<2\sqrt{L/C}$,电路处于欠阻尼状态。由于电阻比较小,因此电容两端的电压呈现出振荡波形。

② $R>2\sqrt{L/C}$,电路处于过阻尼状态。由于电阻比较大,因此电容两端的电压呈现出单调波形。

③ $R=2\sqrt{L/C}$,电路处于临界阻尼状态。

电容元件两端的电压波形分别如图 2.2.2 所示。

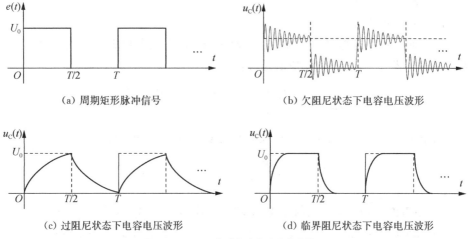

图 2.2.2　RLC 串联电路的响应变化情况

2.2.3　实验内容与步骤

1) 单位冲激响应观测

按照图 2.2.3 连接电路。函数信号发生器产生周期矩形脉冲信号,经过 RC 微分电路后形成冲激信号。

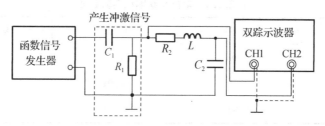

图 2.2.3 单位冲激响应实验电路

调节信号源,输出频率 $f=1$ kHz,占空比为 50%,幅度为 $3U_{p-p}$ 的周期矩形脉冲信号。设置电路中元件参数 $C_1=0.001$ μF,$R_1=1$ kΩ,$L=22$ mH,$C_2=2\,000$ pF,R_2 为可调电阻。改变 R_2 分别观察不同情况下单位冲激响应的波形,记录在表 2.2.1 中。

表 2.2.1 单位冲激响应实验数据

R_2(kΩ)	L(mH)	C_2(pF)	输出波形
	22	2 000	
	22	2 000	
	22	2 000	

2)单位阶跃响应观测

按照图 2.18 连接电路。

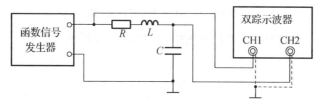

图 2.2.4 单位阶跃响应实验电路

调节信号源,输出频率 $f=1$ kHz,占空比为 50%,幅度为 $2U_{p-p}$ 的周期矩形脉冲信号。设置电路中元件参数 $C=0.01$ μF,$L=100$ mH,R 为可调电阻。改变 R 分别观察欠阻尼、过阻尼和临界阻尼时单位冲激响应的波形,记录在表 2.2.2 中。

表 2.2.2 单位阶跃响应实验数据

$R(k\Omega)$	$L(mH)$	$C(\mu F)$	输出波形
	100	0.01	
	100	0.01	
	100	0.01	

2.2.4 Multisim 仿真分析

1）单位冲激响应仿真

在 Multisim 中调取所用元件，设定参数，按照图 2.2.5 连接电路，观察输出波形。此实验中，选用四通道示波器，可同时观察信号源波形、冲激信号波形以及响应波形。

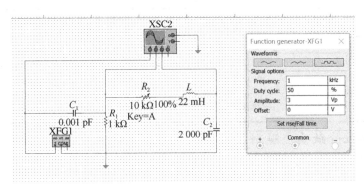

图 2.2.5 单位冲激响应仿真电路

当电阻 R_2 的阻值由小增大过程中，冲激响应波形变化分别如图 2.2.6(a)、(b)、(c)所示。

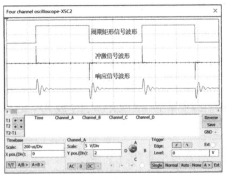

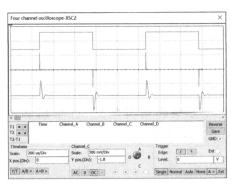

(a)　　　　　　　　　　　　(b)

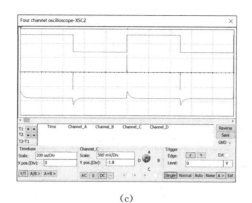

(c)

图 2.2.6　改变 R_2 阻值，冲激响应波形变化情况

2) 单位阶跃响应仿真

在 Multisim 中调取所用元件，设定参数，按照图 2.2.7 连接电路，观察输出波形。

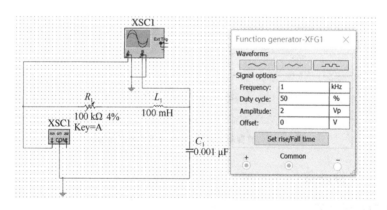

图 2.2.7　单位阶跃响应仿真电路

当电阻 R 值较小时，例如 $R=4$ kΩ $< 2\sqrt{L/C}$，此时电路处于欠阻尼状态，阶跃响应波形如图 2.2.8(a)所示；增大电阻值，当 $R=20$ kΩ $=2\sqrt{L/C}$ 时，电路处于临界阻尼状态，阶跃响应波形如图 2.2.8(b)所示；当 $R=100$ kΩ $>2\sqrt{L/C}$ 时，电路处于过阻尼状态，阶跃响应波形如图 2.2.8(c)所示。

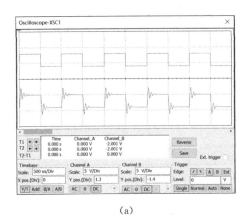

(a)

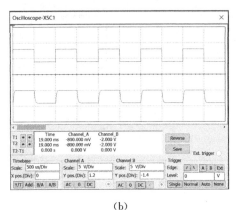

(b)

(c)

图 2.2.8　改变电阻阻值,阶跃响应波形变化情况

2.2.5　实验设备

(1) 双踪示波器;

(2) 函数信号发生器;

(3) 信号与系统实验箱。

2.2.6　预习要求

(1) 单位冲激响应的概念与计算方法。

(2) 单位阶跃响应的概念与计算方法。

(3) RLC 串联电路中临界状态电阻值的计算方法。

2.2.7 实验报告要求

(1) 描绘出电路中单位冲激响应波形。
(2) 分别描绘出在欠阻尼、临界阻尼、过阻尼 3 种情况下单位阶跃响应波形。
(3) 分析讨论在调试过程中出现的问题。
(4) 总结实验过程、方法和问题。

2.2.8 思考题

(1) 讨论周期矩形信号的周期大小对输出波形的影响?
(2) 讨论电感 L、电容 C 的大小对输出波形的影响?

2.3 周期信号频谱分析

2.3.1 实验目的

(1) 掌握周期信号频域表示的基本原理。
(2) 掌握常用周期信号的频谱分析。
(3) 掌握一般周期信号频谱的特点。

2.3.2 实验原理

1) 信号的频谱

信号的时域特性和频域特性是对信号的两种不同描述方式。任意满足狄里赫利(Dirichlet)条件的时域周期信号 $f(t)$，都可以将其展开成三角形式或指数形式的傅里叶级数。

例如，周期为 T 的周期信号 $f(t)$，其三角形式的傅里叶级数为：

$$f(t) = a_0 + \sum_{n=1}^{\infty}(a_n \cos n\omega_0 t + b_n \sin n\omega_0 t)$$
$$= a_0 + \sum_{n=1}^{\infty} c_n \cos(n\omega_0 t + \varphi_n)$$

周期信号傅里叶级数展开的物理意义在于，将信号分解成直流分量以及无穷多个正弦信号的线性组合，可以清晰的展示出信号中包含的频率分量的情况，方便研究其频谱分布。

信号的时域特性与频域特性之间有着密切的内在联系，这种联系可以用

图 2.3.1 来形象地表示。图 2.3.1(a)是信号在幅度—时间—频率三维坐标系中的图形。图 2.3.1(b)是信号在幅度—时间坐标系中的图形即波形图。把周期信号分解得到的各次谐波分量按频率的高低排列,就可以得到频谱图。反映各频率分量幅度的频谱称为振幅谱,图 2.3.1(c)是信号在幅度—频率坐标系中的振幅谱。

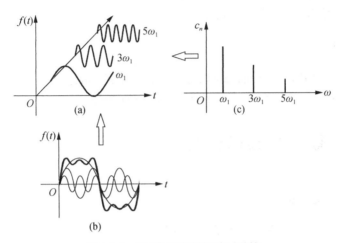

图 2.3.1 信号的时域特性和频域特性

反映各分量相位的频谱称为相位谱,在本实验中只研究信号振幅谱。

(1) 正弦信号的频谱

振幅为 K,频率为 ω_1,初相为 θ 的正弦信号的波形如图 2.3.2 所示。该信号表达式为:

$$f(t)=K\sin(\omega_1 t+\theta)$$

从表达式中可以看出,正弦信号中只包含有一个频率 ω_1,因此其频谱为一条直线,如图 2.3.3 所示。

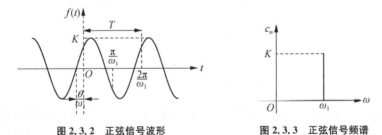

图 2.3.2 正弦信号波形　　　　图 2.3.3 正弦信号频谱

(2) 周期锯齿波信号的频谱

周期为 T_1 的锯齿波时域波形如图 2.3.4 所示。

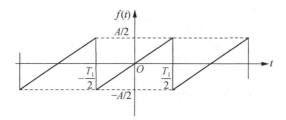

图 2.3.4　周期锯齿波信号时域波形

周期锯齿波在一个周期内的函数表达式为：

$$f_1(t) = \frac{A}{T_1} t \qquad \left(-\frac{T_1}{2} < t < \frac{T_1}{2}\right)$$

则周期锯齿波信号三角形式的傅里叶级数为：

$$f(t) = \sum_{n=1}^{\infty} (-1)^{n+1} \frac{A}{n\pi} \sin n\omega_1 t$$

该信号的振幅谱如图 2.3.5 所示。

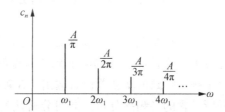

图 2.3.5　周期锯齿波信号振幅谱

(3) 周期三角脉冲信号的频谱

如图 2.3.6 所示的周期三角脉冲信号，其周期为 T_1。

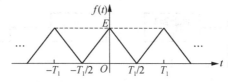

图 2.3.6　周期三角脉冲信号时域波形

周期三角脉冲信号在一个周期内的函数表达式为：

$$f_1(t) = -\frac{2E}{T_1}|t| + E \qquad \left(-\frac{T_1}{2} < t < \frac{T_1}{2}\right)$$

则周期三角脉冲信号的傅里叶级数展开式为：

$$f(t) = \frac{E}{2} + \sum_{n=1}^{\infty} \frac{2E}{n^2\pi^2}(1-\cos n\pi)\cos n\omega_1 t$$
$$= \frac{E}{2} + \frac{4E}{\pi^2}(\cos\omega_1 t + \frac{1}{3^2}\cos 3\omega_1 t + \frac{1}{5^2}\cos 5\omega_1 t + \cdots)$$

该信号三角形式的振幅谱如图 2.3.7 所示。

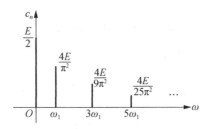

图 2.3.7 三角形式的振幅谱

2) 信号频谱的测量

一般周期信号的振幅谱有 3 个特点:离散性、谐波性、收敛性。频谱测量时可以根据这些特点方便地找到被测频率点,从而进行频谱分析。频谱测量方法有同时分析法和顺序分析法。

同时分析法的基本工作原理是利用多个滤波器,把它们的中心频率分别调到被测信号的各个频率分量上。当被测信号同时加到所有滤波器上,中心频率与信号所包含的某次谐波分量频率一致的滤波器便有输出。在被测信号发生的实际时间内可以同时测得信号所包含的各频率分量。同时分析法的原理框图如图 2.3.8 所示。

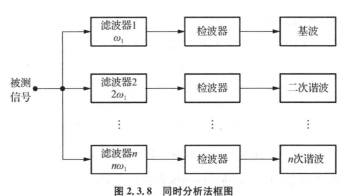

图 2.3.8 同时分析法框图

顺序分析法只使用一个滤波器,通过调节滤波器的中心频率,依次提取出各次谐波,其框图如图 2.3.9 所示。

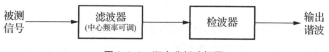

图 2.3.9 顺序分析法框图

2.3.3 实验内容与步骤

1) 实验电路连接

信号频谱分析的实验电路如图 2.3.10 所示。

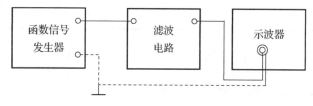

图 2.3.10 信号频谱分析实验电路

2) 正弦信号频谱测量

设置函数发生器的信号类型为正弦信号,按照表 2.3.1 从示波器上观察信号输出波形,并读出波形的幅度和频率。

表 2.3.1 正弦信号频谱测量实验数据

项目	函数信号发生器	示波器		
频率 f	幅度 U_{p-p}	周期	频率	幅度 U_{p-p}
100 Hz	2 V			
5 kHz	4 V			

3) 周期锯齿波信号频谱测量

设置函数发生器的信号类型为周期锯齿波信号,频率为 5 kHz,幅度为 2 V。按照表 2.3.2 从示波器上观察信号各次谐波的频率和幅度。

表 2.3.2 周期锯齿波信号频谱测量实验数据

项目	$1f$	$2f$	$3f$	$4f$	$5f$	$6f$	$7f$
频率(kHz)							
幅度(mV)							

4) 周期三角脉冲信号频谱测量

设置函数发生器的信号类型为周期锯齿波信号,设置占空比 τ/T 为 0.5,即可得到周期三角脉冲信号。设信号频率为 4 kHz,幅度为 4V,按照表 2.3.3 从示波器上观察信号各次谐波的频率和幅度。

表 2.3.3　周期三角脉冲信号频谱测量实验数据

项　目	$1f$	$2f$	$3f$	$4f$	$5f$	$6f$	$7f$
频率(kHz)							
幅度(mV)							

2.3.4　Multisim 仿真分析

信号时域波形和频谱观测电路如图 2.3.11 所示。

1) 正弦信号

在函数信号发生器面板上选择信号类型为正弦,设置正弦频率为 5 kHz,峰峰值 U_{pp} 为 4 V。分别在示波器和频谱仪上观察到信号的时域波形和频谱,如图 2.3.12 和图 2.3.13 所示。

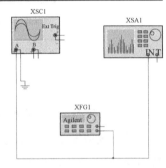

图 2.3.11　电路示意图

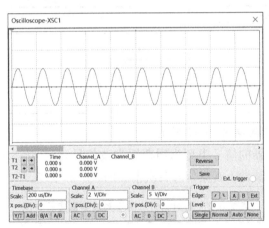

图 2.3.12　正弦信号时域波形图

由示波器的扫描时间为 200 μs/div,一个周期占用一格,可以计算出正弦信号的频率为 5 kHz。图中,垂直灵敏度为 2 V/div,信号峰峰值占用 2 格,则可以计算得到信号的幅度为 2 V。

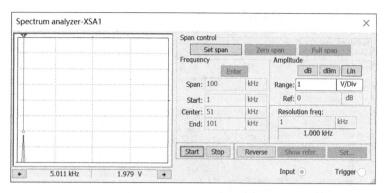

图 2.3.13　正弦信号频谱

从图 2.3.13 中可以看出,信号频谱的最大值出现在频率 5 kHz 左右,大小约为 2 V。

2) 周期锯齿波信号

在函数信号发生器面板上选择信号类型为周期锯齿波信号,设置周期锯齿波信号的频率为 5 kHz,幅度为 2 V。图 2.3.14 为示波器上观察到的周期锯齿波信号的时域波形。

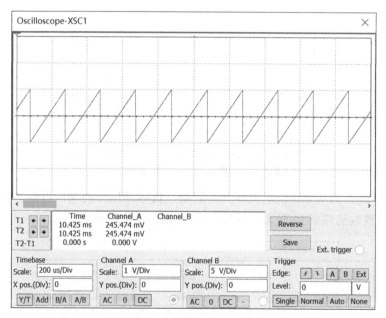

图 2.3.14　周期锯齿波信号时域波形

图 2.3.15 为周期锯齿波信号的频谱。

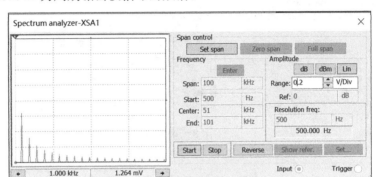

图 2.3.15　周期锯齿波信号的频谱图

3) 周期三角脉冲信号

在函数信号发生器面板上选择信号类型为周期三角脉冲信号,频率为 5 kHz,幅度为 2 V。图 2.3.16 为示波器上观察到的周期三角脉冲信号的时域波形。

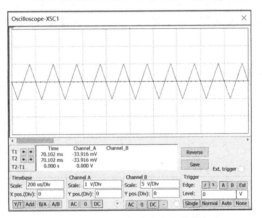

图 2.3.16　周期三角脉冲信号时域波形

图 2.3.17 为从频谱仪上观察到的周期三角脉冲信号的频谱波形。频谱出现在基波的整数倍频率上,随着频率增大,其频谱幅度衰减迅速。

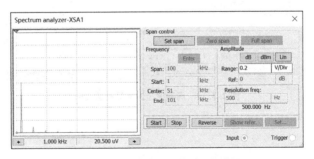

图 2.3.17　周期三角脉冲信号频谱图

2.3.5 实验设备

(1) 双踪示波器；
(2) 函数信号发生器；
(3) 信号与系统实验箱。

2.3.6 预习要求

(1) 周期信号傅里叶级数展开的基本原理。
(2) 周期信号频谱的表示方法和物理意义。
(3) 常用周期信号的级数展开式及频谱表示。

2.3.7 实验报告要求

(1) 根据实验数据分别描绘出正弦信号、周期锯齿波信号、周期三角波信号的振幅谱波形。
(2) 总结周期信号频谱的一般特点。
(3) 分析讨论在调试过程中出现的问题。
(4) 总结实验过程、方法和问题。

2.4 周期矩形信号的分解与合成

2.4.1 实验目的

(1) 掌握周期矩形脉冲信号时域特性和频域特性。
(2) 掌握周期矩形脉冲信号频谱的分解。
(3) 理解各次谐波在合成信号中的作用。

2.4.2 实验原理

由傅里叶级数理论可知，周期信号可以展开为无穷多频率的正弦信号的线性组合。一个幅度为 E，脉冲宽度为 τ，重复周期为 T_1 的周期矩形脉冲信号，其波形如图 2.4.1 所示。

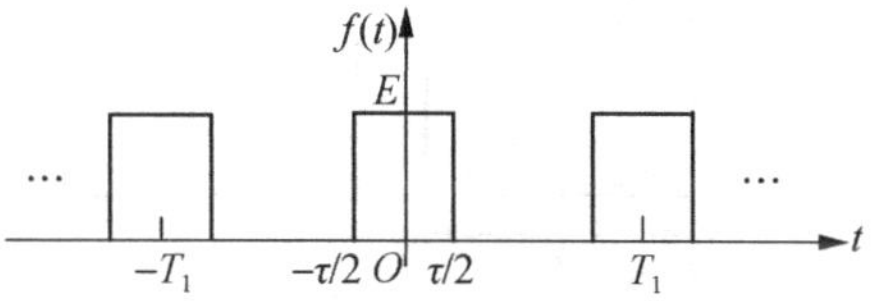

图 2.4.1 周期矩形脉冲信号

该信号在一个周期内 $\left(-\dfrac{T_1}{2} \leqslant t \leqslant \dfrac{T_1}{2}\right)$ 的表达式为：

$$f(t) = \begin{cases} E, & -\dfrac{\tau}{2} \leqslant t \leqslant \dfrac{\tau}{2} \\ 0, & 其他 \end{cases}$$

根据公式可计算得到周期矩形脉冲信号的傅里叶级数展开式为：

$$f(t) = \frac{E\tau}{T_1} + \frac{2E\tau}{T_1} \sum_{i=1}^{n} \mathrm{Sa}\left(\frac{n\pi\tau}{T_1}\right)\cos n\omega_1 t$$

该信号第 n 次谐波的振幅为：

$$c_n = \frac{2E\tau}{T_1}\mathrm{Sa}\left(\frac{n\tau\pi}{T_1}\right) = \frac{2E\tau}{T}\frac{\sin(n\tau\pi/T_1)}{n\tau\pi/T_1}$$

设 $T_1 = 5\tau$ 时，其振幅谱如图 2.4.2 所示。

从图 2.4.2 中可以看出，随着频率的增大，各次谐波振幅呈现出衰减趋势。同时，各次谐波的振幅与幅度 E、脉宽 τ 成正比，与周期 T 成反比，各条谱线的间隔为 $\omega = \dfrac{2\pi}{T}$。图 2.4.3 给出了周期矩形脉冲信号幅度 E 和周期 T 保持不变，脉宽分别为 $\tau = \dfrac{1}{2}$ 和 $\tau = \dfrac{1}{4}$ 时，信号频谱的分布情况。

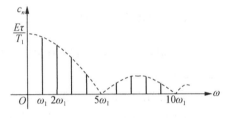

图 2.4.2　周期矩形脉冲信号振幅谱

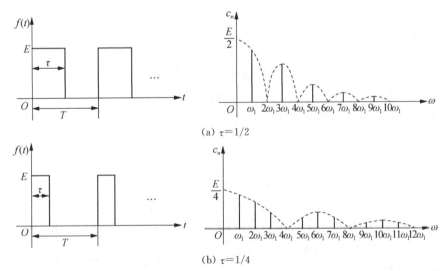

(a) $\tau = 1/2$

(b) $\tau = 1/4$

图 2.4.3　脉宽改变时，信号频谱分布

根据 2.3 节的原理可知，利用滤波器可将周期矩形脉冲信号中的各次谐波分

量提取出来。本实验中仅提取出信号基波、2次谐波、……、7次谐波及8次以上的频率分量,因此将信号分别通过7个带通和1个高通滤波器,滤波器的中心频率分别为各次谐波频率。

矩形脉冲信号通过8路滤波器输出的各次谐波分量可通过一个加法器,合成还原为原输入的矩形脉冲信号,信号波形的合成电路图如图2.4.4所示。

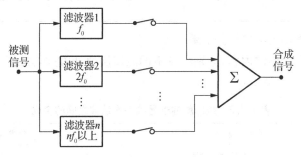

图2.4.4 信号合成电路示意图

2.4.3 实验内容与步骤

1) 周期矩形脉冲信号分解

(1) 调节信号源,产生幅度$E=4$ V,频率$f=4$ kHz,占空比τ/T为50%的周期矩形脉冲信号。

(2) 将信号经过滤波器,分别观测信号各次谐波的波形。

(3) 矩形脉冲信号的脉冲幅度和频率保持不变,改变信号的脉宽τ(即改变占空比),测量不同τ值时信号频谱中各分量的大小。

① $\dfrac{\tau}{T}=\dfrac{1}{2}$:$\tau$的数值按要求调整,测得的信号频谱中各分量的大小,将数据记录在表2.4.1中。

② $\dfrac{\tau}{T}=\dfrac{1}{4}$:$\tau$的数值按要求调整,测得的信号频谱中各分量的大小,将数据记录在表2.4.2中。

表2.4.1 $\dfrac{\tau}{T}=\dfrac{1}{2}$的周期矩形脉冲信号的频谱

	$f=4$ kHz,$T=$ μs,$\dfrac{\tau}{T}=\dfrac{1}{2}$,$\tau=$ μs,$E=4$ V							
谐波频率(kHz)	$1f$	$2f$	$3f$	$4f$	$5f$	$6f$	$7f$	$8f$以上
电压有效值(V)								
电压峰峰值(V)								

表 2.4.2 $\dfrac{\tau}{T}=\dfrac{1}{4}$ 的周期矩形脉冲信号的频谱

$f=4$ kHz,$T=$ μs,$\dfrac{\tau}{T}=\dfrac{1}{4}$,$\tau=$ μs,$E=4$ V							
谐波频率(kHz)	$1f$	$2f$	$3f$	$4f$	$5f$	$6f$	$7f$	$8f$ 以上
电压有效值(V)								
电压峰峰值(V)								

2) 周期矩形脉冲信号分解

根据下表中给出的内容,分别尝试不同的谐波叠加方式,并通过示波器观测合成波形,记录在表 2.4.3 中。

表 2.4.3 矩形脉冲信号的各次谐波之间的合成

波形合成要求	合成后的波形
基波与 3 次谐波合成	
3 次与 5 次谐波合成	
基波与 5 次谐波合成	
基波、3 次与 5 次谐波合成	
没有 8 次以上高次谐波的其他谐波合成	
基波、2 次、3 次、4 次、5 次、6 次、7 次及 8 次以上高次谐波的合成	

2.4.4 实验设备

(1) 双踪示波器;

(2) 函数信号发生器;

(3) 信号与系统实验箱。

2.4.5 预习要求

(1) 周期矩形脉冲信号的傅里叶级数展开式。

(2) 周期矩形脉冲信号的频谱图。

(3) 常用周期信号的级数展开式及频谱表示。

2.4.6 实验报告要求

(1) 按要求记录各实验数据,填写表 2.4.1、表 2.4.2 和表 2.4.3。

(2) 分别描绘 $\dfrac{\tau}{T}=\dfrac{1}{2}$ 和 $\dfrac{\tau}{T}=\dfrac{1}{4}$ 时周期矩形脉冲信号的频谱图。

(3) 总结实验过程、方法和问题。

2.4.7 思考题

(1) 讨论周期信号的周期大小对频谱的影响。
(2) 讨论周期矩形脉冲信号的占空比 τ/T 对频谱的影响。
(3) 讨论各次谐波分量对合成波形的影响。

2.5 系统频域特性的测量

2.5.1 实验目的

(1) 了解连续时间系统的频域分析。
(2) 掌握正弦激励下系统响应的分析方法。
(3) 掌握系统频域特性的测量方法。

2.5.2 实验原理

在系统的频域分析中,常用系统函数 $H(\omega)$ 来描述系统的作用和特性。如图 2.5.1 所示,激励 $f(t)$ 通过单位冲激响应为 $h(t)$ 的线性时不变系统,产生的零状态响应为 $y(t)$。

图 2.5.1 信号通过系统的时域模型

根据系统的时域分析理论可知:

$$y(t) = f(t) * h(t)$$

由傅里叶变换的卷积性质,可将时域响应分析转化为频域,得:

$$Y(\omega) = F(\omega) \cdot H(\omega)$$

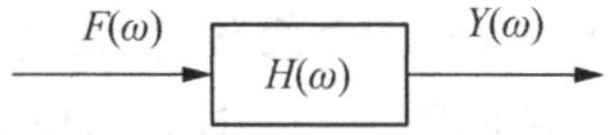

因此采用频域分析方法时,信号通过系统产生响应可以用图 2.5.2 表示。

图 2.5.2 信号通过系统的频域模型

则系统函数定义为:

$$H(\omega) = \frac{Y(\omega)}{F(\omega)} = |H(\omega)| e^{j\varphi(\omega)}$$

通常将系统函数 $H(\omega)$ 的振幅谱 $|H(\omega)|$ 称为系统的幅频特性,其相位 $\varphi(\omega)$ 称为相频特性。

若设激励信号的频谱函数为 $F(\omega)$,响应的频谱函数为 $Y(\omega)$,则有:

$$|Y(\omega)| = |F(\omega)| \cdot |H(\omega)|$$

$$\varphi_y(\omega) = \varphi_f(\omega) + \varphi_h(\omega)$$

可以看出,当信号通过系统时,系统会对输入信号的各频率分量进行处理,改变它们的幅度和相位,从而产生输出信号。

当正弦信号 $f(t) = A\sin(\omega_0 t)$ 经过系统函数为 $H(\omega) = |H(\omega)|e^{j\varphi(\omega)}$ 的系统时,可以看出由于激励信号中只有 ω_0 一个频率分量,而 $H(\omega_0) = |H(\omega_0)|e^{j\varphi(\omega_0)}$,所以系统对输入信号中 ω_0 的频率分量幅度放大 $|H(\omega_0)|$ 倍,相移 $\varphi(\omega_0)$,故系统的输出为:

$$y(t) = A|H(\omega_0)|\sin[\omega_0 t + \varphi(\omega_0)]$$

因此,将不同频率的正弦信号经过系统,比较激励和响应的幅度和相位,即可获得系统的幅频特性和相频特性。这种系统频域特性测量的方法称为逐点描绘法,其原理如图 2.5.3 所示。

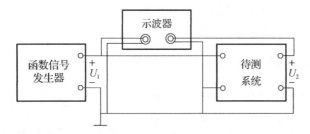

图 2.5.3 逐点描绘法的原理图

函数信号发生器为系统提供频率可调、幅度恒定的正弦激励信号,改变激励信号的频率 f,分别测出输入端信号电压 U_1 和输出端电压 U_2,计算 U_2 与 U_1 的比值,即可得到系统的幅频特性曲线。同理,测出 U_1 和 U_2 的相位差,即可得到系统的相频特性曲线。

2.5.3 实验内容与步骤

1) 正弦信号经过系统的响应

(1) 按照图 2.5.4 连接电路,$L = 15$ mH,$R = 1$ kΩ。

(2) 函数信号发生器产生频率 $f = 4$ kHz,幅度 $E = 2$ V 的正弦信号 U_1。

(3) 将输入端和输出端连接到示波器的两个通道上,测量输出端电压 U_2,并计算 U_1 和 U_2 的相位差,将数据填入表 2.5.1 中。

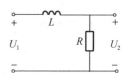

图 2.5.4 RL 串联电路

$$\varphi = \frac{B}{A} \times 360°$$

其中,A 为正弦信号一个周期所占的格子数,B 为输入和输出两个信号波形相差的格子数。

表 2.5.1　RL 串联电路的正弦响应实验数据

项　目	输入电压	输出电压	相位差
理论值			
测量值			

2) 系统幅频特性和相频特性的测量。

(1) 按照图 2.5.5 连接电路,$C=0.47\ \mu F, R=200\ \Omega$。

(2) 函数信号发生器产生幅度恒为 $U_1=1$ V 的正弦信号。

(3) 调节正弦信号的频率变化范围为 $0.1\sim10$ kHz。观察示波器,分别记录不同频率下输出信号的幅度和相位差,数据填入表 2.5.2 中。

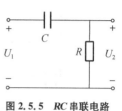

图 2.5.5　RC 串联电路

表 2.5.2　RC 电路的幅频特性和相频特性实验数据

项　目	0.1		1			10
频率(kHz)						
U_2 幅度(V)						
相位差 φ						

2.5.4　Multisim 仿真分析

1) 正弦信号经过系统的响应

在 Multisim 中调取所用元件,设定参数,按照图 2.5.6 连接电路,观察输出波形。

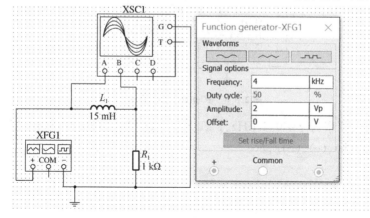

图 2.5.6　RL 电路连接示意图

按照实验要求,设定参数,实验结果如图 2.5.7 所示。

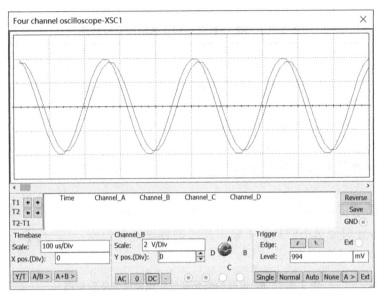

图 2.5.7　正弦信号经过 RL 电路仿真结果

2) 系统幅频特性和相频特性的测量

按照图 2.5.8 连接电路,设定元件参数。

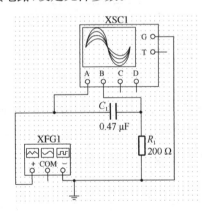

图 2.5.8　RC 电路连接示意图

分别选取频率为 $f=0.1$ kHz、1 kHz、5 kHz 和 10 kHz 时,输出波形分别如图 2.5.9(a)、(b)、(c)、(d)所示。

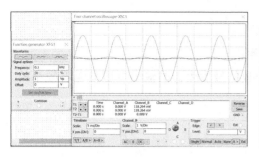

(a) $f=0.1$ kHz

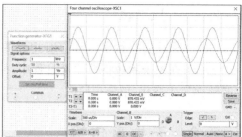

(b) $f=1$ kHz

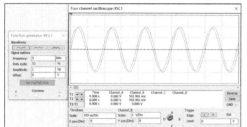

(c) $f=5$ kHz

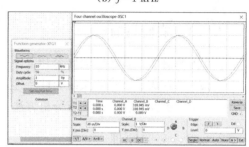

(d) $f=10$ kHz

图 2.5.9　*RC* 电路仿真结果

从图中可以看出，随着频率的升高，输出信号的幅度增大，输入与输出间的相位差减小。

2.5.5　实验设备

（1）双踪示波器；

（2）函数信号发生器；

（3）信号与系统实验箱。

2.5.6　预习要求

（1）信号经过系统的频域响应分析。

（2）系统频域特性的定义和物理意义。

（3）计算图 2.5.4 所示 *RL* 电路的有关理论数值，填入表 2.5.1 中。

2.5.7　实验报告要求

（1）按要求记录各实验数据，填写表 2.5.1、表 2.5.2。

（2）绘制 *RC* 电路的幅频特性曲线和相频特性曲线。

（3）总结实验过程和方法。

2.5.8 思考题

(1) 根据实验数据,分析 RC 电路的作用。

(2) 在系统频域特性测量过程中,函数信号发生器的输出电压会随着频率的调整而发生变化,请分析原因。

2.6 无失真传输

2.6.1 实验目的

(1) 掌握无失真传输的概念和条件。
(2) 掌握无失真传输系统频域特性。
(3) 掌握系统特性的频域分析方法。

2.6.2 实验原理

根据系统的频域分析可知,信号通过线性时不变系统传输时,系统会对输入信号的各频率分量进行处理,改变它们的幅度和相位,这使得输入和输出波形可能有所不同。

在信号的传输过程中,希望系统能够无失真地传输信号。所谓无失真传输是指信号通过系统后,输出信号与输入信号相比,只有幅度大小和出现时间的变化,而波形形状不变。设系统输入为 $f(t)$,输出为 $y(t)$,无失真传输时输入输出满足:

$$y(t) = Kf(t-t_0)$$

此时系统的单位冲激响应 $h(t) = K\delta(t-t_0)$,此式为无失真传输的时域条件。

设输入 $f(t)$ 和输出 $y(t)$ 的傅里叶变换分别为 $F(\omega)$ 和 $Y(\omega)$,根据傅里叶变换的时移性质可得:

$$Y(\omega) = KF(\omega)e^{-j\omega t_0}$$

故无失真传输系统的系统函数为:

$$H(\omega) = Ke^{-j\omega t_0}$$

可以看出无失真传输系统的振幅谱函数和相位谱函数分别为:

$$|H(\omega)| = K$$
$$\varphi(\omega) = -\omega t_0$$

因此无失真传输系统的幅频特性曲线和相频特性曲线如图 2.6.1 所示。

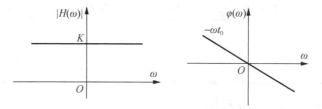

图 2.6.1　无失真传输系统频响特性曲线

从图 2.6.1 可以看出，无失真传输系统的幅频特性曲线是常数，意味着无失真传输系统对输入信号的所有频率分量的振幅放大同样的倍数。如果系统对输入信号各频率分量振幅放大倍数不同，则称信号通过系统发生了幅度失真。同时，无失真传输系统的相频特性曲线是一条过原点的直线，意味着无失真传输系统对输入各频率分量产生的相移与频率成正比。若相频特性不满足条件，则信号经过系统发生相位失真。

在无失真传输理论分析中，有一个非常典型的电路结构，如图 2.6.2 所示。

利用频域电路分析，可计算得到此电路的系统函数为：

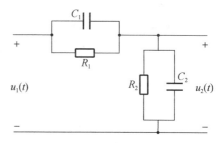

图 2.6.2　无失真典型电路

$$H(\omega)=\frac{R_2 /\!/ \frac{1}{j\omega C_2}}{R_1 /\!/ \frac{1}{j\omega C_1}+R_2 /\!/ \frac{1}{j\omega C_2}}=\frac{\frac{R_2}{1+j\omega C_2 R_2}}{\frac{R_1}{1+j\omega C_1 R_1}+\frac{R_2}{1+j\omega C_2 R_2}}$$

根据系统无失真传输的频域条件 $H(\omega)=Ke^{-j\omega t_0}$，可以知道当 $R_1C_1=R_2C_2$ 时，

$$H(\omega)=\frac{R_2}{R_1+R_2}$$

此时系统满足条件。

2.6.3　实验内容与步骤

(1) 按照图 2.6.2 连接电路，$R_1=1\ \mathrm{k\Omega}$，$C_1=C_2=0.47\ \mu\mathrm{F}$，$R_2$ 为可变电阻。

(2) 函数信号发生器产生幅度 $E=2\ \mathrm{V}$，频率 $f=2\ \mathrm{kHz}$ 的周期矩形脉冲信号，调节 R_2 阻值，观察输出端信号波形，记录在表 2.6.1 中。

(3) 改变输入信号频率，调节 R_2 阻值，观察输出端信号波形。

表 2.6.1 无失真传输实验数据

频率 f(kHz)	R_1(kΩ)	$C_1(\mu F)$	$C_2(\mu F)$	R_2(kΩ)	输出波形
2	1	2 200	2 200	0.5	
	1	2 200	2 200	1	
	1	2 200	2 200	5	

2.6.4 Multisim 仿真分析

按照图 2.6.2,在 Multisim 中搭建仿真电路,其中 $C_1=C_2=2\ 200\ \text{pF}$,$R_1=1\ \text{k}\Omega$,$R_2$ 为可调电阻,阻值范围为 $0\sim 5\ \text{k}\Omega$。函数信号发生器产生一个频率为 2 kHz,幅度为 2 V,占空比为 50% 的方波。仿真电路如图 2.6.3 所示。

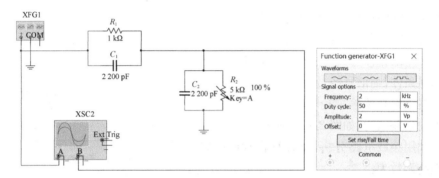

图 2.6.3 无失真系统仿真模型

当 R_2 的滚动条设置为 100%,即阻值为 5 kΩ 时,$R_1C_1 \neq R_2C_2$,可观测到输出波形与输入波形不一致,信号发生失真,如图 2.6.4 所示。

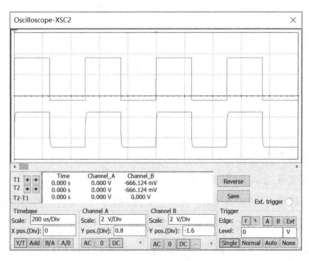

图 2.6.4 信号失真

由无失真条件可知,当 R_2 阻值为 1 kΩ,即滚动条设置为 20%时,输出信号应于输入信号形状一样,结果如图 2.6.5 所示。

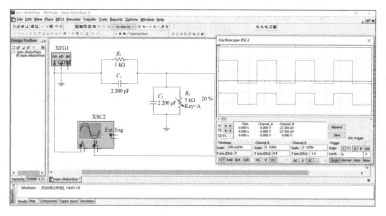

图 2.6.5　信号无失真

此时,可利用波特图仪来测量此时系统的幅频特性和相频特性,结果如图 2.6.6(a)、(b)所示。

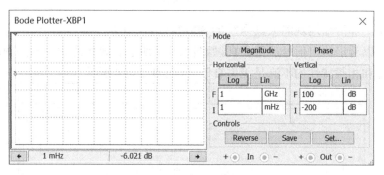

(a) 系统幅频特性曲线

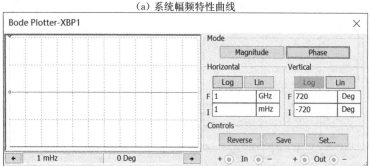

(b) 系统相位特性曲线

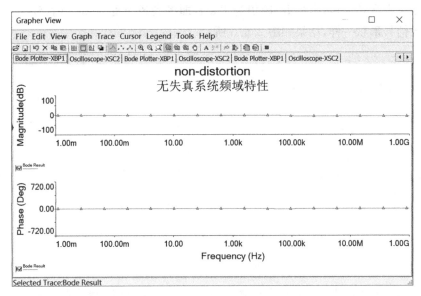

(c) Grapher View 显示系统频率特性曲线

图 2.6.6 无失真系统频率特性

为了更加清晰地观测失真系统的频域特性,设置 $C_2=30~\mu\mathrm{F}$, $R_2=100~\mathrm{k}\Omega$, 从示波器可以看出输出信号严重失真,如图 2.6.7 所示。观察此时系统的频域特性,幅频特性和相频特性均不满足无失真条件,如图 2.6.8 所示。

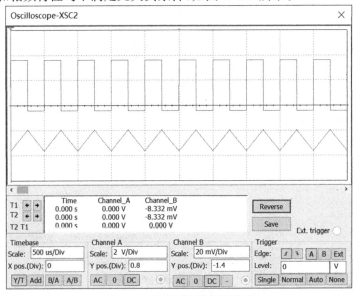

图 2.6.7 失真系统时域波形示意

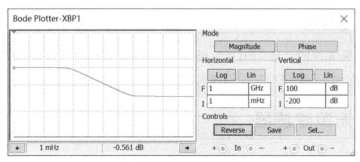

(a) 失真系统幅频特性曲线

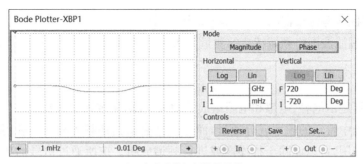

(b) 失真系统相频特性曲线

图 2.6.8　失真系统频率特性

2.6.5　实验设备

(1) 双踪示波器；
(2) 函数信号发生器；
(3) 信号与系统实验箱。

2.6.6　预习要求

(1) 信号经过系统产生失真的原因。
(2) 信号进行无失真传输的条件。
(3) 电路系统频域特性的计算方法。

2.6.7　实验报告要求

(1) 绘制不同阻值情况下，信号失真和无失真的波形。
(2) 总结实验过程、方法和问题。

2.6.8 思考题

由于实际系统的带宽有限,系统幅频特性和相频特性做不到全频域满足条件,无法与理论一致,如何实现信号的无失真传输?

2.7 无源滤波器

2.7.1 实验目的

1. 掌握无源滤波器的种类、基本结构及特性。
2. 掌握滤波网络频域特性的测量方法。

2.7.2 实验原理

滤波器是由电容、电感和电阻组成的滤波电路,实现频率选择的功能。滤波器可以使信号中特定的频率成分通过,而极大地衰减其他频率成分。利用滤波器的这种选频作用,可以滤除干扰噪声或进行频谱分析。按所通过信号的频段范围不同,滤波器可分为低通滤波器(LPF)、高通滤波器(HPF)、带通滤波器(BPF)和带阻滤波器(BSF)。图 2.7.1 显示了这四种滤波器的理想幅频特性。

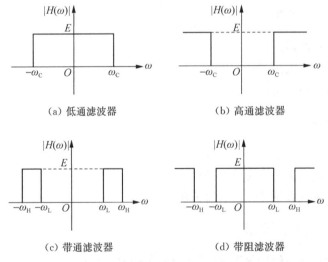

(a) 低通滤波器　　(b) 高通滤波器

(c) 带通滤波器　　(d) 带阻滤波器

图 2.7.1　4 种理想滤波器的幅频特性

一般将信号能通过的频率范围称为通带,信号被抑制的频率范围称为阻带。4 种滤波器的幅频特性如下所述。

(1) 低通滤波电路的幅频特性曲线如图 2.7.1(a)所示。其中 E 表示低频增益,通带范围为 $|\omega|<\omega_C$,阻带为 $|\omega|>\omega_C$,ω_C 为截止频率。低通滤波器的功能是通过从零到截止角频率 ω_C 的低频信号,而对大于 ω_C 的所有频率完全衰减,因此其带宽 $BW=\omega_C$。

(2) 高通滤波电路的幅频特性曲线如图 2.7.1(b)所示。与低通滤波器刚好相反,信号通过理想高通滤波器,$|\omega|>\omega_C$ 时,信号无失真通过;$|\omega|<\omega_C$ 时,信号被完全滤除。从理论上来说,它的带宽 $BW=\infty$,但实际上,由于受有源器件带宽的限制,高通滤波电路的带宽也是有限的。

(3) 带通滤波电路的幅频特性曲线如图 2.7.1(c)所示。其中 ω_L 为下截止角频率,ω_H 上截止角频率。带通滤波器能让 $\omega_L<|\omega|<\omega_H$ 范围内的频率分量通过,其余范围的频率分量滤除,带宽 $BW=\omega_H-\omega_L$。

(4) 带阻滤波电路的幅频特性曲线如图 2.7.1(d)所示。它有 $0<\omega<\omega_L$ 和 $\omega>\omega_H$ 两个通带,阻带范围为 $\omega_L<\omega<\omega_H$。因此它的功能是衰减 ω_L 到 ω_H 间的信号。同高通滤波电路相似,由于受有源器件带宽的限制,通带 $\omega>\omega_L$ 也是有限的。

本实验中采样的低通、高通、带通和带阻滤波器的电路分别如图 2.7.2 所示。

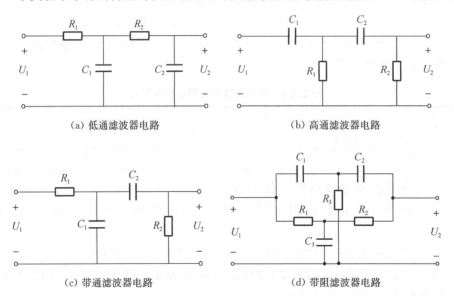

(a) 低通滤波器电路   (b) 高通滤波器电路

(c) 带通滤波器电路   (d) 带阻滤波器电路

图 2.7.2 实际无源滤波器电路

2.7.3 实验内容与步骤

滤波器幅频特性的测量方法与实验 2.5 类似,电路连接如图 2.7.3 所示。

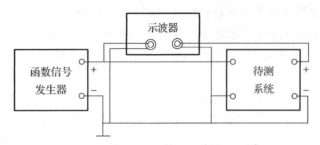

图 2.7.3　滤波器幅频特性测量的原理图

1) 低通滤波器的幅频特性测量

按照图 2.7.2(a)连接电路,其幅频特性表达式为:

$$|H(\omega)| = \frac{1}{\sqrt{(1-\omega^2 R^2 C^2) + 9\omega^2 R^2 C^2}}$$

当 $R_1 = R_2 = 2$ kΩ,$C_1 = C_2 = 0.1$ μF 时,令 $|H(\omega)| = 0.7$,可计算得到该低通滤波器的截止频率 $f_c = 3$ kHz。

实验中采用逐点测量法进行幅频特性测量。

(1) 调节函数信号发生器,输出 $f = 100$ Hz,$E = 1$ V 的正弦信号。

(2) 保持信号输入幅度不变,增加信号频率,测量不同频率下,输出信号的幅度值,并将数据填入表 2.7.1 中。

表 2.7.1　无源低通滤波器逐点测量法

U_1(V)	1	1	1	1	1	1	1	1	1	1
f(kHz)	0.1					2		3		5
U_2(V)										

2) 高通滤波器的幅频特性测量

按照图 2.7.2(b)连接电路,当 $R_1 = R_2 = 20$ kΩ,$C_1 = C_2 = 0.1$ μF 时,其截止频率为 $f_c = 2.12$ kHz。

(1) 调节函数信号发生器,输出 $f = 100$ Hz,$E = 1$ V 的正弦信号。

(2) 保持信号输入幅度不变,增加信号频率,测量不同频率下,输出信号的幅度值,并将数据填入表 2.7.2 中。

表 2.7.2　无源高通滤波器逐点测量法

U_1(V)	1	1	1	1	1	1	1	1	1	1
f(kHz)	0.1			2	2.2		3			10
U_2(V)										

带通滤波器和带阻滤波器的测量方法与低通、高通滤波器的测量方法一样,有兴趣的同学可以自行进行实验。

2.7.4　Multisim 仿真分析

1) 无源低通滤波器

图 2.7.4 为无源低通滤波器的仿真实验电路图。一般定义幅度下降为最大值的 $1/\sqrt{2}$,即 -3 dB 时,对应的频率为该低通滤波器的截止频率,从图 2.7.5 可以看出此时截止频率约为 3 kHz。

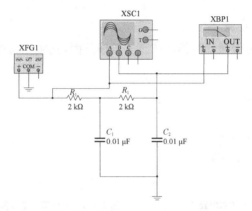

图 2.7.4　无源低通滤波器仿真电路

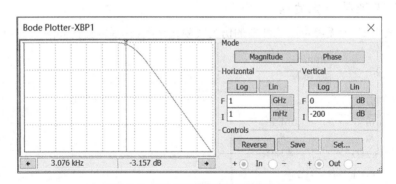

图 2.7.5　无源低通滤波器的幅频特性曲线

2) 无源高通滤波器

图 2.7.6 为无源高通滤波器的仿真实验线路图,从图 2.7.7 可以看出此时截止频率约为 2.2 kHz。

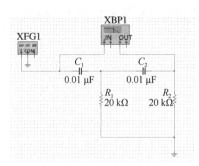

图 2.7.6 无源高通滤波器仿真电路

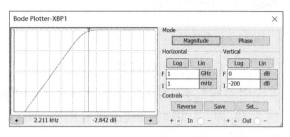

图 2.7.7 无源高通滤波器的幅频特性曲线

3）无源带通滤波器

图 2.7.8 为无源带通滤波器的仿真实验线路图，其幅频特性如图 2.7.9 所示。

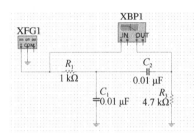

图 2.7.8 无源带通滤波器仿真电路

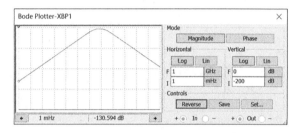

图 2.7.9 无源带通滤波器的幅频特性曲线

4）无源带阻滤波器

图 2.7.10 为无源带阻滤波器的仿真实验线路图，其幅频特性如图 2.7.11 所示。

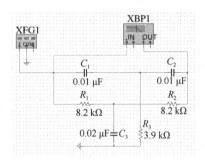

图 2.7.10 无源带阻滤波器仿真电路

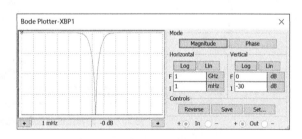

图 2.7.11 无源带阻滤波器的幅频特性曲线

2.7.5 实验设备

（1）双踪示波器；

（2）函数信号发生器；

(3) 信号与系统实验箱。

2.7.6 预习要求

(1) 滤波器的分类和功能。
(2) 不同类型的滤波器的幅频特性。
(3) 滤波器截止频率的计算。

2.7.7 实验报告要求

(1) 按照实验要求,填写测量数据。
(2) 分别画出低通、高通、带通和带阻滤波器的幅频特性曲线。
(3) 比较理想滤波器和实际滤波器的幅频特性曲线的异同。

2.7.8 思考题

分析实际滤波器设计时主要考虑的因素。

2.8 抽样定理与信号恢复

2.8.1 实验目的

(1) 了解信号采样的方法和过程。
(2) 了解信号采样后恢复的方法。
(3) 验证采样定理。

2.8.2 实验原理

时域采样是从连续时间信号 $f(t)$ 中获取一系列离散样值的过程,如图 2.8.1 所示。

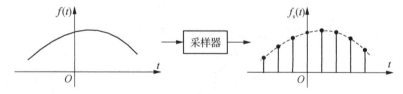

图 2.8.1　信号进行时域采样

采样之后的信号称为采样信号,通常用 $f_s(t)$ 表示。采样过程可以通过乘法运算来实现,即

$$f_s(t)=f(t)\times p(t)=\begin{cases}f(t), & p(t)=1\\ 0, & p(t)=0\end{cases}$$

$p(t)$ 称为采样脉冲，通常为周期信号。采样脉冲的周期 T_s 称为采样间隔，表示多长时间采样一次，其倒数 $f_s=1/T_s$ 称为采样频率，表示每秒采样多少次。

根据傅里叶变换的卷积定理，可知采样信号的频谱与原信号频谱的关系为：

$$F_s(\omega)=\frac{1}{2\pi}F(\omega)*P(\omega)=\frac{1}{2\pi}F(\omega)*2\pi\sum_{n=-\infty}^{+\infty}P_n\delta(\omega-n\omega_s)$$
$$=\sum_{n=-\infty}^{+\infty}P(\omega)F(\omega-n\omega_s)$$

可以看出，采样信号的频谱是原信号频谱的加权周期重复，重复周期等于采样频率 ω_s，幅度加权系数为采样脉冲的谱系数 $P(\omega)$。

以图 2.8.2 所示的周期三角波信号被周期矩形脉冲信号采样为例。

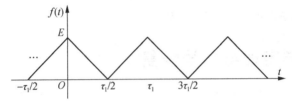

图 2.8.2 周期三角波信号

该信号的频谱为：$F(\omega)=E\pi\sum_{K=-\infty}^{\infty}Sa^2(\frac{k\pi}{2})\delta(\omega-k\frac{2\pi}{\tau_1})$

采样信号的频谱 $F_s(\omega)=\frac{EA\tau\pi}{TS}\sum_{\substack{k=-\infty\\m=-\infty}}^{\infty}Sa\frac{m\omega_s\tau}{2}\cdot Sa^2(\frac{k\pi}{2})\cdot\delta(\omega-k\omega_1-m\omega_s)$

其中：

$$\omega_1=\frac{2\pi}{\tau_1}\text{或}f_1=\frac{1}{\tau_1}$$

取三角波的有效带宽为 $3\omega_1$，其频谱如图 2.8.3 所示。

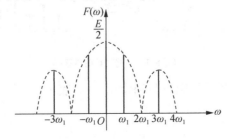

图 2.8.3 三角波信号的频谱

设采样频率 $\omega_s = 8\omega_1$ 时,可得采样信号频谱如图 2.8.4 所示。

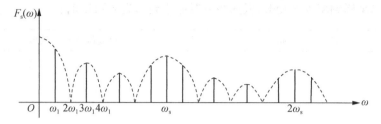

图 2.8.4 采样信号的频谱

从图 2.8.4 中可以看出,采样信号的频谱中包含了原信号的频谱,因此将采样信号经过低通滤波器即可恢复出原信号。条件为 $\omega_s \geqslant 2\omega_m$,即采样频率大于等于信号最高频率的 2 倍。若 $\omega_s < 2\omega_m$ 时,采样信号的频谱将出现混叠,此时将无法通过低通滤波器获得原信号。信号采样和恢复的过程如图 2.8.5 所示。

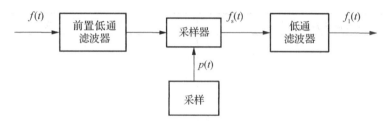

图 2.8.5 信号采样和恢复

2.8.3 实验内容与步骤

1) 观察采样信号波形

(1) 从函数信号发生器产生频率为 1 kHz,幅度为 1 V 的三角波信号。

(2) 将三角波信号接入采样电路,设定采样脉冲的频率,用示波器观察输出信号波形。

(3) 使用不同的抽样脉冲频率,观察信号的变化。

2) 验证抽样定理与信号恢复

(1) 按实验 1 产生采样信号。

(2) 选择截止频率 $f_{c1} = 2$ kHz 的滤波器,观察恢复信号的波形。

(3) 调整低通滤波器的截止频率 $f_{c2} = 4$ kHz,观察恢复的信号波形。

(4) 调整输入三角波信号的输入频率,重复上述步骤,观察恢复信号的波形。

设 1 kHz 的三角波信号的有效带宽为 3 kHz,$f_s(t)$ 信号分别通过截止频率为 $f_{c1} = 2$ kHz 和 $f_{c2} = 4$ kHz 的低通滤波器,观察其原信号的恢复情况,并完成下列观察任务。

① 当采样频率为 3 kHz、低通滤波器截止频率为 2 kHz 时：

采样信号 $f_s(t)$ 的波形	恢复信号 $f_1(t)$ 波形

② 当采样频率为 6 kHz、低通滤波器截止频率为 2 kHz 时：

采样信号 $f_s(t)$ 的波形	恢复信号 $f_1(t)$ 波形

③ 当抽样频率为 3 kHz、截止频率为 4 kHz 时：

采样信号 $f_s(t)$ 的波形	恢复信号 $f_1(t)$ 波形

④ 当抽样频率为 6 kHz、截止频率为 4 kHz 时：

采样信号 $f_s(t)$ 的波形	恢复信号 $f_1(t)$ 波形

2.8.4 Multisim 仿真分析

采用 Multisim 仿真信号采样与恢复的电路如图 2.8.6 所示。

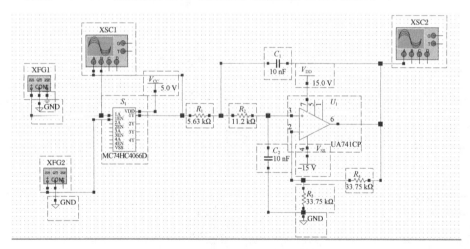

图 2.8.6 信号采样与恢复仿真电路

本实验对频率为 1 kHz 的正弦波进行采样和恢复。用两个函数信号发生器分别产生正弦波和采样脉冲，如图 2.8.7 所示。此时采样频率为 10 kHz，大于信号频率的 2 倍，因此能够恢复出原信号，图 2.8.8 为采样信号和恢复信号的波形图。

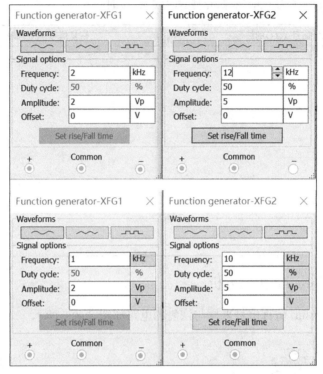

图 2.8.7　函数信号发生器参数设置

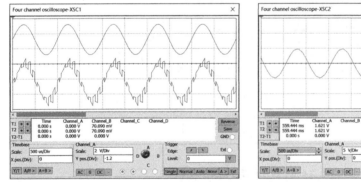
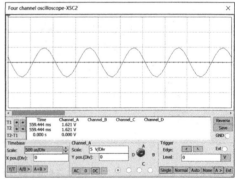

图 2.8.8　采样频率为 10 kHz 时采样信号及恢复信号波形

当采样频率降低,设为 2 kHz,刚好为信号最高频率的 2 倍,此时采样信号的波形和恢复波形分别如图 2.8.9 所示。

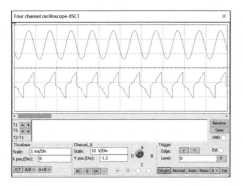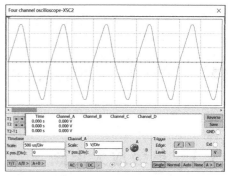

图 2.8.9　采样频率为 2 kHz 时采样信号及恢复信号波形

从图 2.8.9 中可以看出此时恢复信号发生失真。理论分析中只需要采样频率大于等于信号最高频率的 2 倍即可无失真的恢复信号。而在实际系统中由于滤波器存在过渡带,为恢复信号一般采样频率取信号最高频率的 3～6 倍。

2.8.5　实验设备

（1）双踪示波器；
（2）函数信号发生器；
（3）信号与系统实验箱。

2.8.6　预习要求

（1）信号时域采样的方法。
（2）采样过程中信号频谱的变化情况。
（3）采样定理的内容。

2.8.7　实验报告要求

（1）按要求记录各实验数据。
（2）整理不同采样频率情况下的输出波形,并进行比较。
（3）总结实验过程、方法和问题。

2.8.8　思考题

采样频率为信号最高频率的 2 倍时,是否可以恢复出原信号？实际采样时对采样频率有什么要求？

3 模拟电路实验

3.1 单级放大电路

3.1.1 实验目的

(1) 掌握放大器静态工作点的调试方法及其对放大器性能的影响。
(2) 掌握放大器主要性能指标的测量方法。
(3) 进一步掌握 Multisim 仿真分析在模拟电子电路实验中的应用。

3.1.2 实验原理

1) 实验电路

单级放大电路是构成多级放大器和复杂电路的基本单元。其功能是在不失真的条件下,对输入信号进行放大。共射、共集、共基是放大电路的 3 种基本形式,在低频电路中,共射、共集电路比共基电路应用得更为广泛。本次实验仅研究共射电路。如图 3.1.1 所示实验电路是一种最常用的共射放大电路,采用的是分压式电流负反馈偏置电路。

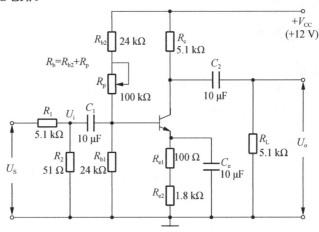

图 3.1.1 单级共射放大器实验电路

电路中，上偏置电阻 R_b 由 R_{b2} 和 R_p 串联组成，R_p 是为调节三极管静态工作点而设置的可调电位器；R_{b1} 为下偏置电阻；R_c 为集电极电阻；R_{e1} 和 R_{e2} 为发射极电流负反馈电阻，起到稳定直流工作点的作用；C_1 和 C_2 为交流耦合电容；C_e 为射级旁路电容，为交流信号提供通路；R_L 为负载电阻。当在放大器的输入端加入输入信号后，在放大器的输出端便可以得到一个与输入相位相反、幅值被放大了的输出信号，从而实现电压放大。

在本实验中，在交流信号输入端有一个由 R_1 和 R_2 组成的 1/101 的分压器，这是因为，信号源是有源仪器，当其输出电压较小时，输出的信噪比随输出信号的减小而降低，所以输出信号电压幅值有下限。例如，目前使用的 Agilent33210AO 数字式信号源输出正弦电压的最小值为 50 mV，若直接将其作为输入，本实验用的放大器将严重限幅。电阻是无源元件，而且阻值较小，由分压器增加的噪声甚少，所以用电阻分压器可得到信噪比较高的小信号。

2）静态工作点的测量与调试

放大器必须设置合适的静态工作点 Q，才能不失真地放大信号。分压偏置放大电路具有稳定 Q 点的作用，在实际电路中应用广泛。在图 3.1.1 所示电路中，当流过偏置电阻 R_b 和 R_{b1} 的电流远大于静极电流 I_B（一般为 5～10 倍）时，放大电路的静态工作点可用下式估算：

$$U_{BQ} \approx \frac{R_{b1}}{R_b + R_{b1}} V_{CC}$$

$$I_{CQ} \approx I_{EQ} = \frac{U_{BQ} - U_{BEQ}}{R_e}, \quad (R_e = R_{e1} + R_{e2})$$

$$I_{BQ} = \frac{I_{CQ}}{\beta}$$

$$U_{CEQ} = V_{CC} - I_{CQ}(R_c + R_e)$$

(1) 静态工作点的测量

测量放大器的静态工作点测量，应在输入信号 $u_i = 0$ 的情况下进行，即将放大器输入端与地端短接，然后选用量程合适的直流毫安表和直流电压表，分别测量晶体管的集电极电流以及各电极对地的电位。

在本实验中主要是测量三极管静态集电极电流 I_{CQ}，通常可采用直接测量法或间接测量法，如图 3.1.2 所示。直接测量法就是把电流表串接在集电极电路中，直接由电流表读出 I_{CQ}；间接测量法是用电压表测量发射极电阻 R_e 或集电极电阻 R_c 两端的电压，再用电压除以所测电阻，换算出 I_{CQ}。直接测量法直观、准确，但不太方便，因为必须断开电路串入电流表；间接测量法方便，但不够直观、准确。

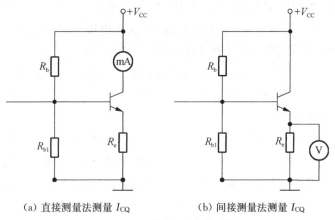

(a) 直接测量法测量 I_{CQ} (b) 间接测量法测量 I_{CQ}

图 3.1.2　静态工作点的测量

(2) 静态工作点的调试

放大器静态工作点的调试是指对三极管集电极电流 I_{CQ}(或 U_{CEQ})的调整与测试。静态工作点是否合适,对放大器的性能和输出波形都有很大影响。如工作点偏高,放大器在加入交流信号以后易产生饱和失真,此时,u_o 的负半周将被削底,如图 3.1.3(a)所示;如果静态工作点偏低则易产生截止失真,即 u_o 的正半周被缩顶(一般截止失真不如饱和失真明显),如图 3.1.3(b)所示。这些情况都不符合不失真放大的要求。所以在选定工作点以后还必须进行动态调试,即在放大器的输入端加入一定的输入电压 u_i,检查输出电压 u_o 的大小和波形是否满足要求。如不满足,则应调节静态工作点的位置。

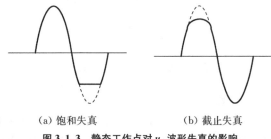

(a) 饱和失真　　(b) 截止失真

图 3.1.3　静态工作点对 u_o 波形失真的影响

3) 放大电路的动态指标测试

放大电路动态指标包括电压放大倍数、输入电阻、输出电阻、最大不失真输出电压(动态范围)和通频带等。

(1) 电压放大倍数 A_u 的测量

电压放大倍数 A_u 是输出电压 U_o 与输入电压 U_i 之比。A_u 应在输出电压波形不失真的条件下进行测量(若波形已经失真,测出的 A_u 就没有意义)。如图 3.1.1

所示放大电路的电压放大倍数 A_u 可由如下公式计算：

$$A_u = \frac{U_o}{U_i} = -\beta \frac{R'_L}{R_i}$$

其中，β 为三极管交流放大系数；R'_L 为放大电路交流等效负载，$R'_L = R_c /\!/ R_L$；R_i 为从放大器输入端看进去的等效电阻。

（2）输入电阻 R_i 的测量

放大电路与信号源相连接就成为信号源的负载，它必然从信号源索取电流，电流的大小表明放大电路对信号源的影响程度。输入电阻 R_i 是从放大电路输入端看进去的等效电阻。实验中通常采用换算法测量输入电阻。测量电路如图 3.1.4 所示，图中 R 为一已知电阻，称为取样电阻。

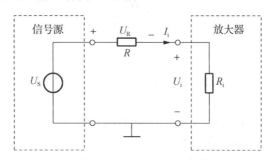

图 3.1.4 输入电阻测量电路

因此，输入电阻 R_i 为：

$$R_i = \frac{U_i}{I_i} = \frac{U_i}{(U_S - U_i)/R} = \frac{U_i}{U_S - U_i} R$$

测量时应注意以下三点：

① 由于电阻 R 两端没有电路见公共接地点，所以测量 R 两端电压 U_R 时，必须分别测出 U_S 和 U_i，然后按 $U_R = U_S - U_i$ 求出 U_R 值。

② 电阻 R 的值不宜取得过大或过小，以免产生较大的测量误差，通常取 R 与 R_i 为同一数量级为好。

③ 测量时，放大器的输出端接上负载电阻 R_L，并用示波器监视输出波形。要求在波形不失真的条件下进行上述测量。

（3）输出电阻 R_o 的测量

任何放大电路的输出都可以等效成一个有内阻的电压源，从放大电路输出端看进去的等效电阻称为输出电阻 R_o。R_o 的大小反映放大器带负载的能力，其值越小，带负载能力越强。实验中仍然采用换算法测量 R_o，测量电路如图 3.1.5 所示。

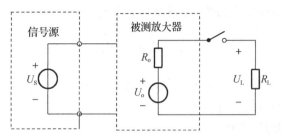

图 3.1.5 输出电阻测量电路

在放大器正常工作条件下,测出输出端不接负载 R_o 的输出电压 U_o 和接入负载后的电压 U_L,则有:

$$U_L = \frac{R_L}{R_o + R_L} U_o$$

即可求出:

$$R_o = \left(\frac{U_o}{U_L} - 1\right) R_L$$

在实验中应注意,必须保持接入 R_L 前后输入信号的大小不变。

(4) 放大电路幅频特性的测量

放大器的幅频特性是指在输入正弦信号时放大器电压增益 A_u 随信号源频率变化而变化的稳态响应。当输入信号频率太高或太低时,输出幅度都会下降,而在中间频率范围内,输出幅度基本不变。

单管阻容耦合放大电路的幅频特性曲线如图 3.1.6 所示,A_{um} 为中频电压放大倍数,通常规定电压放大倍数随频率变化下降到中频放大倍数的 $1/\sqrt{2}$,即 $0.707A_{um}$ 所对应的频率分别称为下限频率 f_L 和上限频率 f_H,则通频带 $f_{BW} = f_H - f_L$。

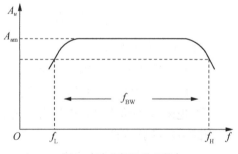

图 3.1.6 幅频特性曲线

放大器的幅频特性就是测量不同频率信号时的电压放大倍数 A_u。为此,可采用前述测 A_u 的方法,每改变一个信号频率,测量其相应的电压放大倍数,测量时应注意取点要恰当,在低频段与高频段应多测几点,在中频段可以少测几点。此外,在改变频率时,要保持输出信号的幅度不变,且输出波形不得失真。

3.1.3 实验内容与步骤

1) 实验电路

(1) 用万用表判断实验箱上三极管的极性和好坏,电容的极性和好坏。

(2) 按图 3.1.1 连接电路(注意:接线前先测量+12 V 电源,断开电源后再连线),将 R_p 的阻值调到最大位置。

(3) 接线完毕仔细检查,确定无误后接通电源。改变 R_p,记录 I_C 分别为 0.5 mA、1 mA、1.5 mA 时三极管的 β 值 $\left(\text{注意}:\beta=\dfrac{I_C}{I_B}, I_B=\dfrac{U_B}{R_{b1}}=\dfrac{V_{CC}-U_B}{R_{b2}+R_p}\right)$。

2) 静态工作点的调整与测量

(1) 调整 R_p,使所测 $U_{CE}=\left(\dfrac{1}{4}\sim\dfrac{1}{2}\right)V_{CC}$,让三极管工作在放大区。

(2) 输入频率为 1 kHz、幅度适中的正弦波交流信号,用示波器测量放大电路的输出波形,同时调节 R_p,以获得最大不失真输出波形。

(3) 令输入信号为 0,测量静态工作点的参数,将数据填入表 3.1.1。

表 3.1.1 静态工作点的测量与计算结果

测量值				计算值	
U_{BEQ}(V)	U_{CEQ}(V)	U_{EQ}(V)	R_b(kΩ)	I_{BQ}(μA)	I_{CQ}(mA)

注:$I_{CQ}\approx I_{EQ}=\dfrac{U_{EQ}}{R_e}$。

3) 放大电路动态性能研究

(1) 将低频信号设置为频率为 $f=1$ kHz,峰-峰值为 1 000 mV 的正弦波,接到放大器输入端 U_S,用示波器观察 U_o 和 U_i 的波形,并比较相位(因 U_i 幅度太小,不易测出,可直接测 U_S 端)。

(2) 信号源频率不变,逐渐加大信号幅度,观察不失真时 U_o 的最大值,并填入表 3.1.2 中(由于 U_i 幅值太小,示波器观测不清楚,且 U_i 是由 U_S 衰减至 1/100 得到,这样可直接由 U_S 来换算,后面的实验都可采用这种方法)。

表 3.1.2 放大倍数的测量与计算结果($R_L=\infty$)

测量值		测量计算值	理论计算值
U_i(mV)	U_o(V)	A_u	A_u

(3) 保持 $U_S = 1\,000$ mV 不变,放大器接入负载 R_L,在改变 R_C 数值的情况下测量,并将结果填入表 3.1.3。

表 3.1.3 动态性能研究(给定 R_C、R_L)

给定参数		测量值		测量计算值	理论计算值
R_C	R_L	U_i(mV)	U_o(V)	A_u	A_u
470 Ω	5.1 kΩ				
470 Ω	2.2 kΩ				
5.1 kΩ	5.1 kΩ				
5.1 kΩ	2.2 kΩ				

(4) 输出电压波形失真的观测

保持 $U_S = 1\,000$ mV 不变,调整 R_p 使阻值最大,输出电压波形出现截止失真;调整 R_p 使阻值最小,输出电压波形出现饱和失真;观测截止失真和饱和失真,并将有关测量数据记入表 3.1.4(若输出波形失真不明显,可适当加大输入信号)。

表 3.1.4 输出电压波形失真的观测结果

测量内容	截止失真	饱和失真
U_{CE}(V)		
I_{CQ}(mA)		
U_o 波形		

4) 输入电阻、输出电阻的测量

(1) 输入电阻测量

按图 3.1.4 连接电路,在输入端串接一个电阻 $R = 5.1$ kΩ,测量 U_S 与 U_i,即可计算 R_i。

(2) 输出电阻测量

在输出端接入可调电阻作为负载,选择合适的 R_L 值使放大器输出不失真(接示波器监视),测量有负载和空载时的 U_o,即可计算输出电阻 R_o。

将上述测量及计算结果填入表 3.1.5 中。

表 3.1.5　输出电压波形失真的观测结果

测输入电阻				测输出电阻			
测量值		测量计算值	理论计算值	测量值		测量计算值	理论计算值
U_S	U_i	R_i	R_i	U_o $R_L=\infty$	U_o $R_L=$	R_o	R_o

5）放大器幅频特性曲线的测量

输入正弦信号,频率 $f=1$ kHz,峰-峰值 1 000 mV。可取频率 $f=1$ kHz$=f_0$ 处的增益作为中频增益。保持输入信号幅度不变,改变输入信号的频率,用低频毫伏表逐点测出相应放大器输出电压有效值。将测量结果填入表 3.1.6 中,并画出放大器的幅频特性曲线。

表 3.1.6　放大器幅频特性的测量结果

f(Hz)	$f_L=$	$f_0=1$ kHz	$f_H=$
U_o(V)			
$A_u=\dfrac{U_o}{U_i}$			
$f_{BW}=f_H-f_L$			
画出幅频特性曲线 A_u-f 或 U_o-f			

3.1.4　Multisim 仿真分析

在 Multisim 中按图 3.1.1 调取所用元件,设定参数,连接电路,具体仿真电路如图 3.1.7 所示。

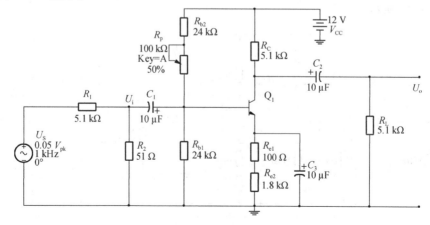

图 3.1.7　仿真电路

1) 仿真实验1:静态工作点的测量

按照3.1.3节实验内容与步骤调整放大电路的静态工作点,使输出波形不失真。断开信号源,测量三极管的静态工作点,如图3.1.8所示。

测量结果为

$$U_{BEQ}=0.615 \text{ V}$$
$$U_{CEQ}=3.855 \text{ V}$$
$$U_{EQ}=2.219 \text{ V}$$

其他静态工作点的值可通过计算得到,同时将仿真结果与实验测量数据进行比较。

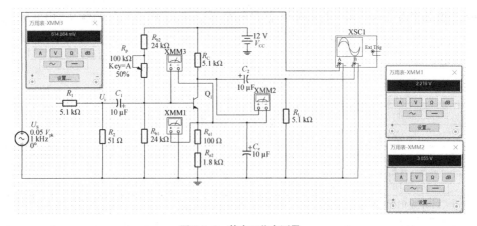

图3.1.8 静态工作点测量

2) 仿真实验2:放大电路动态参数的测量

为了测量交流放大倍数,加入波特测试仪,可以同时测量放大倍数和通频带,如图3.1.9所示。双击波特测试仪(XBP1),可以从中读出电路的放大倍数,如图3.1.10所示。

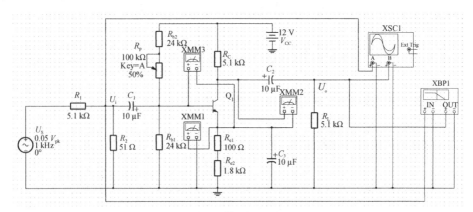

图3.1.9 放大倍数和通频带仿真电路

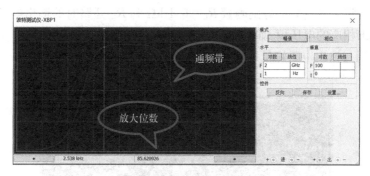

图 3.1.10　放大倍数读取

输入电阻的测量电路如图 3.1.11 所示,已知 $U_S=100$ mV,利用示波器可以得到 $U_i=44.95$ mV(如图 3.1.12 所示),利用输入电阻测量计算公式,可以计算得到输入电阻 R_i 值。

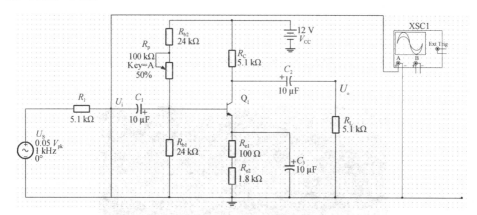

图 3.1.11　输入电阻测量仿真电路

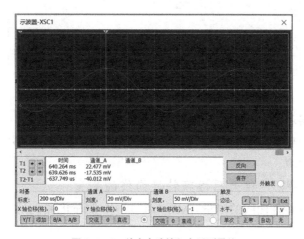

图 3.1.12　放大电路输入电压测量值

输出电阻的测量只需分别测量 R_L＝5.1 kΩ 和 R_L 开路时的输出电压,利用示波器可读出相应的电压值,如图 3.1.3 和图 3.1.14 所示,电压值分别为 3.22 V 和 5.716 V,通过输出电阻测量计算公式计算得到输出电阻值。

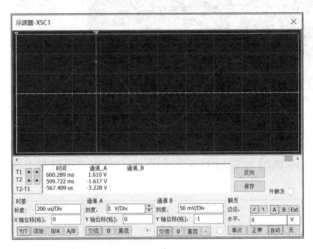

图 3.1.13　R_L＝5.1 kΩ 时的输出电压值

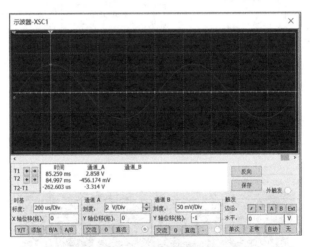

图 3.1.14　R_L 开路时的输出电压值

3) 仿真实验 3:输出电压波形失真的观察

利用放大电路仿真实验电路,通过调整 R_p,观察放大电路的失真情况,观察截止失真和饱和失真。

4) 仿真实验 4:放大器幅频特性曲线的测量

放大器幅频特性曲线的测量,从图 3.1.10 中,测量电路的通频带的下限截止频率和上限截止频率。

3.1.5 实验设备

(1) 双踪示波器；
(2) 函数信号发生器；
(3) 数字万用表；
(4) 交流毫伏表；
(5) 模拟电子电路实验箱。

3.1.6 预习要求

(1) 三极管及单管放大器工作原理。
(2) 放大器静态工作点的测量方法。
(3) 放大器主要动态指标的定义及测量方法。

3.1.7 实验报告要求

(1) 列表整理测量结果，并把实测的静态工作点、电压放大倍数、输入电阻、输出电阻值与理论计算值进行比较，分析产生误差原因。
(2) 总结 R_c、R_L 及静态工作点对放大器电压放大倍数、输入电阻、输出电阻的影响。
(3) 讨论静态工作点变化对放大器性能（失真、输入电阻、电压放大倍数）的影响。
(4) 分析讨论在调试过程中出现的问题。
(5) 小结实验方法和问题。

3.1.8 思考题

(1) 在示波器上观察 NPN 型三极管共射放大电路输出波形的饱和、截止失真波形。若三极管换成 PNP 型，饱和、截止失真波形是否相同？
(2) 静态工作点设置偏高或偏低，是否一定会出现饱和或截止失真？
(3) 放大器的 f_L 和 f_H 与放大器的哪些因素有关？
(4) 当发现输出波形有正半周或负半轴削波失真，各是什么原因？如何消除？

3.2 负反馈放大电路

3.2.1 实验目的

(1) 了解负反馈放大电路的工作原理。
(2) 加深理解负反馈对放大器性能的影响。
(3) 掌握负反馈放大器性能的测试方法。
(4) 进一步掌握 Multisim 仿真分析在模拟电子电路实验中的应用。

3.2.2 实验原理

实验电路如图 3.2.1 所示,是一电压串联负反馈电路,由两级普通放大器加上负反馈网络构成。负反馈在电子电路中有着广泛的应用,它虽然使电压放大倍数下降,但能在多方面改善放大电路的性能,如提高增益稳定性、改变输入/输出电阻、减小非线性失真和展宽通频带等。本实验以电压串联负反馈为例,研究分析负反馈对放大电路性能指标的影响。

1) 闭环电压放大倍数

$$A_{uf} = \frac{A_u}{1 + A_u F_u}$$

式中,$A_u = U_o / U_i$,称为开环电压放大倍数;$F_u = \dfrac{R_6}{R_6 + R_F}$,称为反馈系数;$(1 + A_u F_u)$ 为反馈深度,它与反馈放大电路的各项性能指标有着极其密切的关系,它的大小决定了负反馈对放大电路性能改善的程度。

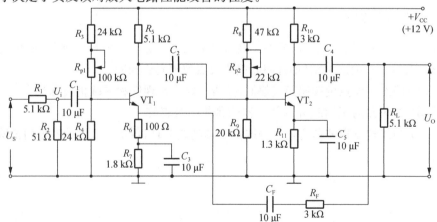

图 3.2.1 两级负反馈放大电路

2) 闭环输入电阻

$$r_{if}=(1+A_uF_u)r_i$$

式中，r_i 为无反馈时的输入电阻。可见，负反馈将输入电阻增大到 r_i 的 $(1+A_uF_u)$ 倍。

3) 闭环输出电阻

$$r_{of}=\frac{r_o}{1+A_{uo}F_u}$$

式中，r_o 为无反馈时两级放大器的输出电阻。A_{uo} 为负载 R_L 开路时的电压放大倍数。可见，负反馈降低了输出电阻，有稳定输出电压的作用。

4) 增益稳定性

增益稳定性是用增益的相对变化量来衡量的，增益的相对变化量越小，增益的稳定性就越高。

对闭环电压放大倍数求微分：

$$dA_{uf}=\frac{(1+A_uF_u)dA_u-A_uF_udA_u}{(1+A_uF_u)^2}=\frac{dA_u}{(1+A_uF_u)^2}$$

等式两边同时除以 A_{uf} 可得：

$$\frac{dA_{uf}}{A_{uf}}=\frac{1}{1+A_uF_u}\cdot\frac{dA_u}{A_u}$$

上式表明，负反馈放大器的增益稳定性是无反馈基本放大电路增益稳定性的 $(1+A_uF_u)$ 分之一，也就是说 A_{uf} 的稳定性是 A_u 的 $(1+A_uF_u)$ 倍。

5) 幅频特性

引入负反馈可使放大电路的频带展宽。可以证明，引入交流负反馈后，通频带 $f_{BWf}\approx(1+A_uF_u)f_{BW}$，即通频带展宽约 $(1+A_uF_u)$ 倍。

3.2.3 实验内容与步骤

按图 3.2.1 连接好实验电路。

1) 静态测量与调整

接通电源电压 $V_{CC}=+12$ V，测量两个三极管的静态参数，应满足 $U_{BEQ1}=U_{BEQ2}=0.6\sim0.7$ V，调节 R_{p1} 和 R_{p2} 使两个三极管的 $U_{CEQ1}=U_{CEQ2}=\left(\frac{1}{4}\sim\frac{1}{2}\right)V_{CC}$，将放大器静态时测量数据记入表 3.2.1 中。

表 3.2.1 静态工作点的测量与计算结果

参 数	U_{EQ1}(V)	U_{CEQ1}(V)	U_{EQ2}(V)	U_{CEQ2}(V)	I_{CQ1}(mA)	I_{CQ2}(mA)
实测值						

2) 放大倍数测量

(1) 开环电压放大倍数

按图 3.2.1 连接实验电路,R_F、C_F 先不接入。

输入端接入 $U_i=5$ mV,$f=1$ kHz 的正弦波(注意输入 5 mV 信号采用输入端衰减法即 U_S 端接 500 mV,衰减为 100 分之一后得到 $U_i=5$ mV)。调整 R_{p1} 和 R_{p2} 使输出不失真且无自激振荡。

按表 3.2.2 要求进行测量并填表。

根据实测值计算开环电压放大倍数 $A_u=U_o/U_i$。

表 3.2.2 电压放大倍数测量

项 目	R_L(kΩ)	U_i(mV)	U_o(mV)	$A_u(A_{uf})$
开环	∞	5		
	1.5 kΩ	5		
闭环	∞	5		
	1.5 kΩ	5		

(2) 闭环电压放大倍数

关闭电源,接入反馈网络支路 R_F 和 C_F。然后开启电源,输入与测量开环电压放大倍数时相同的正弦波信号,适当调节电路,使放大器输出放大且不失真的正弦波。

按表 3.2.2 要求进行测量并填表,计算闭环电压放大倍数 A_{uf}。

3) 负反馈对失真的改善作用

(1) 将图 3.2.1 电路开环,即不接入 R_F 和 C_F,U_S 端接入 $f=1$ kHz 的正弦波,逐步增大幅度,使输出信号 U_o 出现失真(但失真不严重),记录输出波形失真时输入信号的幅度。

(2) 接入反馈网络 R_F 和 C_F,观察输出情况,并适当增加 U_S 幅度,使输出信号 U_o 接近开环失真时波形幅度,记录输入信号幅度,并与开环时输入信号幅度作比较。

(3) 画出上述过程中的实验波形图。

(4) 比较分析放大器在引入负反馈后对非线性失真的改善情况。

4) 放大器频率特性的测量

U_S 端接入 $f=1$ kHz 的正弦波，调整信号幅度，使输出信号 U_o 的幅度最大且不失真。分别测出无反馈和有反馈时的输出电压 U_o、U_{oF}。保持输入信号幅度不变，调节信号源频率，测出无反馈时的值和有反馈时的值（即 3 dB 衰减值），记录 3 dB 衰减所对应的下限频率 f_L 和上限频率 f_H，并计算出通频带，在表 3.2.3 中记录相关数据。

表 3.2.3 频率特性测量结果

基本放大电路(无反馈)		负反馈放大电路	
$f=1$ kHz 时 U_o(mV)		$f=1$ kHz 时 U_{oF}(mV)	
$0.707U_o$(mV)		$0.707U_{oF}$(mV)	
f_{L1}(kHz)		f_{L2}(kHz)	
f_{H1}(kHz)		f_{H2}(kHz)	
$f_{BW1}=f_{H1}-f_{L1}$(kHz)		$f_{BW2}=f_{H2}-f_{L2}$(kHz)	

3.2.4 Multisim 仿真分析

在 Multisim 中按图 3.2.1 调取所用元件，设定参数，连接电路，具体仿真电路如图 3.2.2 所示。

1) 负反馈对失真的改善作用

将图 3.2.2 中开关"S_1"断开，双击电路窗口中信号源符号，设置信号源频率为 $f=1$ kHz，幅度为 500 mV。也可以逐步增加输入信号的幅度，用示波器观察，使输出信号发生失真，如图 3.2.3(a) 所示（注意不要过分失真），然后将开关"S_1"闭合，从图 3.2.3(b) 上可以观察到输出波形的失真得到明显的改善。

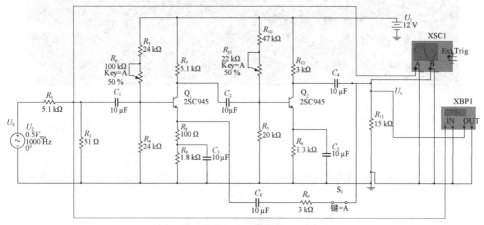

图 3.2.2 仿真电路

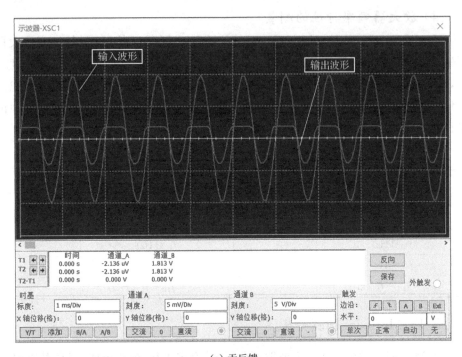

(a) 无反馈

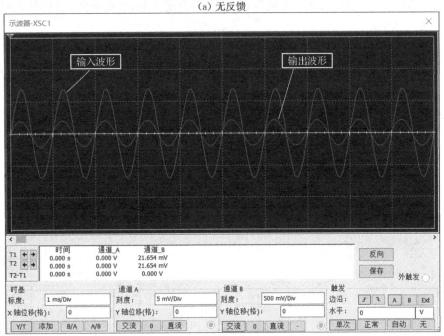

(b) 有反馈

图 3.2.3 负反馈对放大电路失真的改善

2) 负反馈对通频带的展宽

引入负反馈后,放大电路的通频带得到了展宽。图 3.2.4 是未加入负反馈时的幅频特性,标尺指示的位置参数为 40.069 dB/2.132 MHz。图 3.2.5 是加入负反馈后放大电路的幅频特性,标尺指示的位置参数为 23.714 dB/12.641 MHz。

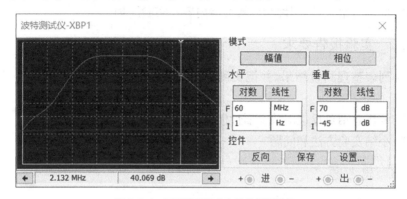

图 3.2.4　无反馈时放大电路的幅频特性

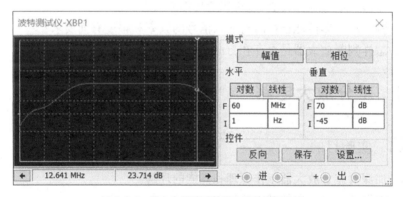

图 3.2.5　加入负反馈后放大电路的幅频特性

3.2.5　实验设备

(1) 双踪示波器;

(2) 函数信号发生器;

(3) 数字万用表;

(4) 交流毫伏表;

(5) 模拟电子电路实验箱。

3.2.6 预习要求

(1) 复习负反馈放大器的工作原理、负反馈的 4 种组态。
(2) 认真阅读实验教材,理解实验内容与测量原理。
(3) 根据所给条件,明确和理解实验内容及实验原理。

3.2.7 实验报告要求

(1) 列表整理测量结果,并把实测值与理论计算值进行比较,分析产生误差原因。
(2) 分析总结负反馈对放大器性能的影响。
(3) 小结实验方法和问题。

3.2.8 思考题

(1) 如何判断电路的静态工作点已经调好?
(2) 若输入信号存在失真,能否用负反馈来改善?
(3) 测量放大器性能指标时对输入信号的频率和幅度有何要求?
(4) 怎样判断放大器是否存在自激振荡?如何进行消振?

3.3 差分放大电路

3.2.1 实验目的

(1) 加深对差分放大器工作原理和性能的理解。
(2) 掌握差分放大器的基本测试方法。
(3) 熟悉双电源的接法以及用示波器观察信号波形的相位关系。

3.3.2 实验原理

差分放大电路是由两个对称的单管放大电路组成的,如图 3.3.1 所示。差分放大器具有较大的零点漂移抑制能力,因此应用十分广泛,特别是在模拟集成电路中常作为输入级或中间放大级。

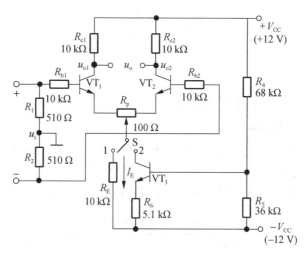

图 3.3.1 差分放大器实验电路

在图 3.3.1 所示电路中,当开关 S 拨向 1 时,构成典型的差分放大电路。当静态时,由于电路对称,两管的集电极电流相等,管压降也相等,所以总的输出变化电压 $u_o=0$。当有信号输入时,因每个均压电阻 R_1 和 R_2 相等,所以在两个晶体管 T_1 和 T_2 的基极是加入两个大小相等方向相反的差模信号电压,即:

$$u_{i1} = -u_{i2} = \frac{u_{id}}{2}$$

双端输入时,差模电压放大倍数:

$$A_{ud} = \frac{u_o}{u_{id}} = \frac{u_{o1} - u_{o2}}{u_{id}}$$

由于 $u_{i1} = -u_{i2}$,故 $u_{id} = u_{i1} - u_{i2} = 2u_{i1} = -2u_{i2}$;又由于 $u_{o1} = -u_{o2}$,故 $u_{o1} - u_{o2} = 2u_{o1} = -2u_{o2}$。代入上式有:

$$A_{ud} = \frac{u_{o1}}{u_{i1}} = \frac{u_{o2}}{u_{i2}}$$

由此可见,双端输出时的差模电压放大倍数等于单管放大器的放大倍数。

实际上要求电路参数完全对称是不可能的,实际中常采用恒流偏置差分放大电路,即将图 3.3.1 中的开关 S 拨向 2。用晶体管作恒流源代替电阻 R_E,恒流源对差模信号没有影响,但抑制共模信号的能力增强。

共模抑制比 K_{CMR} 用于表征差分放大器对差模信号的放大能力和对共模信号的抑制能力,其定义为差分放大器的差模电压增益 A_{ud} 与共模电压增益 A_{uc} 之比的绝对值:

$$K_{\text{CMR}} = \left| \frac{A_{ud}}{A_{uc}} \right|$$

3.3.3 实验内容与步骤

1) 典型差分放大器电路性能测量

(1) 静态工作点的测试

将图 3.3.1 电路中的开关 S 拨向 1，构成典型的差分放大电路。将输入端短路并接地，接通直流电源，调节电位器 R_p 使双端输出电压 $u_o=0$。

用万用表测量 VT_1 和 VT_2 各极电位，将数据记入表 3.3.1 中。

表 3.3.1 静态工作点测量

参数	U_{C1}(V)	U_{B1}(V)	U_{E1}(V)	U_{C2}(V)	U_{B2}(V)	U_{E2}(V)	U_{EE}(V)
计算值	I_C(mA)			I_B(mA)		I_E(mA)	

用万用表测量发射极电阻 R_E 两端电压 U_{EE}，用如下公式估算静态工作点电流：

$$I_E = \frac{V_{EE}}{R_E}$$

$$I_{C1} = I_{C2} = \frac{1}{2} I_E$$

将计算结果填入表 3.3.1 中。

(2) 测量共模电压放大倍数

当两输入端所加信号为大小相等且极性相同的输入信号时，称为共模信号。若电路的结构和参数完全对称，则双端输出时的共模电压放大倍数：

$$A_{uc} = \frac{u_o}{u_{ic}} = \frac{u_{o1} - u_{o2}}{u_{ic}} = 0$$

单端输出时，由于每管发射极上均带有 $2R_E$ 的电阻，故共模电压放大倍数也大大降低，即

$$A_{uc1} = A_{uc2} = -\frac{\beta R_c}{R_b + r_{be} + (1+\beta)(\frac{R_p}{2} + 2R_E)} \approx -\frac{R_c}{2R_E}$$

调节信号源，使输入信号 $f=1$ kHz，幅度为 1 V，同时加到两输入端上，就构成共模信号输入。用交流毫伏表测量 u_{o1} 和 u_{o2}，记入表 3.3.2 中，并用示波器观察

u_i、u_o1、u_o2之间的相位关系。

(3) 测量差模电压放大倍数

差模信号是一对大小相等、极性相反的信号。当差分放大器的射极电阻R_E足够大时，或者采用恒流源偏置电路时，差模电压放大倍数A_ud由输出方式决定，而与输入方式无关。

双端输出时（R_p在中间位置），放大倍数为：

$$A_{ud}=\frac{u_\text{o}}{u_\text{id}}=\frac{u_\text{o1}-u_\text{o2}}{u_\text{id}}=-\frac{\beta R_\text{c}}{R_\text{b}+r_\text{be}+(1+\beta)\frac{R_\text{p}}{2}}$$

若在双端输出端接有负载，则放大倍数为：

$$A_{ud}=\frac{u_\text{o}}{u_\text{id}}=\frac{u_\text{o1}-u_\text{o2}}{u_\text{id}}=-\frac{\beta(R_\text{c}//\frac{R_\text{L}}{2})}{R_\text{b}+r_\text{be}+(1+\beta)\frac{R_\text{p}}{2}}$$

单端输出时，放大倍数是双端输出时的一半：

$$A_{ud1}=\frac{1}{2}A_{ud}$$

$$A_{ud2}=-\frac{1}{2}A_{ud}$$

将其中一个输入端接函数信号发生器，另一输入端接地，即可构成单端输入方式，调节输入信号为频率$f=1$ kHz 的正弦信号，逐渐增大输入电压到 100 mV 时，在输出波形无失真的情况下，用交流毫伏表测量u_o1和u_o2，记入表 3.3.2 中，并用示波器观察u_i、u_o1、u_o2之间的相位关系。

表 3.3.2 静态工作点测量

参 数	典型差分放大电路		具有恒流源的差分放大电路	
	单端输入	共模输入	单端输入	共模输入
	0.1	1	0.1	1
u_o1(V)				
u_o2(V)				
A_{ud1}		×		×
A_{ud}		×		×
A_{uc1}	×		×	
A_{uc}	×		×	
K_CMR				

2) 具有恒流源的差分放大器电路性能测量

将图 3.3.1 电路中的开关 S 拨向 2，构成横流偏置差分放大电路。根据典型差分放大器电路中测量差模信号放大倍数和共模信号放大倍数的方法，完成相应实验，并将测量数据记入表 3.3.2 中。

3.3.4　Multisim 仿真分析

在 Multisim 中按图 3.3.1 调取所用元件，设定参数，连接电路，具体仿真电路如图 3.2.2 所示。

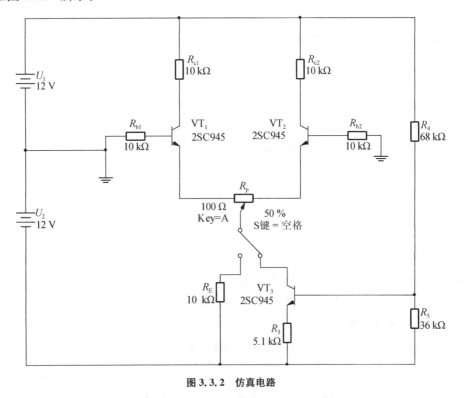

图 3.3.2　仿真电路

当输入共模信号时，仿真结果如图 3.3.3 所示，从图中可以看出若为双端输出，差分放大电路可以有效地抑制共模信号。

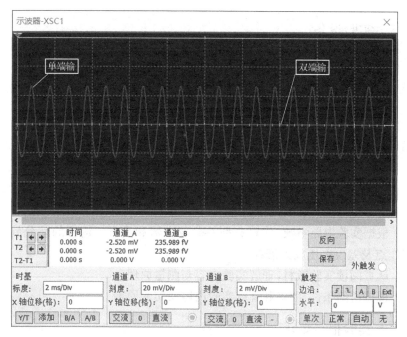

图 3.3.3　共模信号输出波形

当差分放大器的射极电阻 R_E 足够大时,或者采用恒流源偏置电路时,差模电压放大倍数 A_{ud} 由输出方式决定,而与输入方式无关。仿真结果如图 3.3.4 所示。

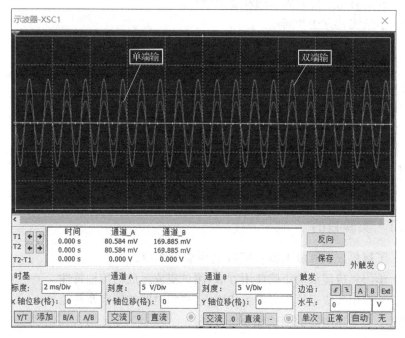

图 3.3.4　差模信号输出波形

3.3.5 实验设备

(1) 双踪示波器;
(2) 函数信号发生器;
(3) 数字万用表;
(4) 交流毫伏表;
(5) 模拟电子电路实验箱。

3.3.6 预习要求

(1) 复习差分放大器的工作原理。
(2) 根据实验电路参数,估算典型差分放大器和具有恒流源的差分放大器的静态工作点及差模电压放大倍数。
(3) 认真阅读实验教材,理解实验内容与测量原理。
(4) 根据所给条件,明确和理解实验内容及实验原理。

3.3.7 实验报告要求

(1) 列表整理测量结果,并把实测值与理论计算值进行比较,分析产生误差原因。
(2) 分析总结差分放大器的性能和特点。
(3) 小结实验方法和问题。

3.3.8 思考题

(1) 差分放大器是否可以放大直流信号?
(2) 为什么要对差分放大器进行调零?
(3) 增大或减小发射极电阻 R_E,对输出有何影响?

3.4 信号运算电路:比例求和运算电路

3.4.1 实验目的

(1) 了解集成运算放大器 μA741 各引脚的作用。
(2) 学习集成运放的正确使用方法,测试集成运放的传输特性。
(3) 掌握用集成运算放大器组成比例、求和电路的特点及性能。
(4) 学会上述电路的测试和分析方法。

3.4.2 实验原理

集成运算放大器简称集成运放或运放,基本特点是直接耦合、多级放大、增益极高,电压增益可以高达数十甚至数百万倍,因此是一种非常理想的放大器件,在实际电子通信系统中使用极其广泛。

集成运放电路由四部分组成,包括输入级、中间级、输出级和偏置电路,如图 3.4.1 所示。它有两个输入端,一个输出端,图中所标 u_+、u_-、u_O 均以"地"为公共端。

图 3.4.1 集成运放的电路结构框图

实验电路采用 μA741 集成运放,其外线排列及电路符号如图 3.4.2 所示。

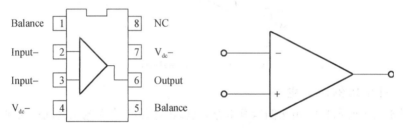

图 3.4.2 μA741 集成运放外线排列及电路符号

在分析各种实用电路时,通常都将集成运放的性能指标理想化,即将其看成为理想运放。而随着微电子设计与工艺水平的提高,集成运放的性能指标也越来越趋于理想化。因此,理想化集成运放不会带来太大的分析误差。

理想运放的性能指标如下:

① 开环差模电压增益 $A_{ud} \to \infty$;

② 差模输入电阻 $r_{id} \to \infty$;

③ 开环输出电阻 $r_{od} \to 0$;

④ 共模抑制比 $K_{CMR} \to \infty$;

⑤ 其他指标:带宽无穷大,失调电压、电流为 0,失调电压、电流温漂为 0,输入偏置电流为 0。

理想运算放大器工作在线性区时有两个重要特性:一是"虚短",即 $u_+ = u_-$;另一个是"虚断",即 $i_+ = i_- = 0$。上述两个特性是分析理想运放应用电路的基本原则,可简化运放电路的计算。

1) 反相比例运算电路

反相比例运算电路如图 3.4.3 所示。对于理想运放,该电路的输出电压与输入电压之间的关系为:

$$u_\mathrm{o}=-\frac{R_\mathrm{F}}{R_1}u_\mathrm{i}$$

为了减小输入级偏置电流引起的运算误差,在同相输入端应接入平衡电阻 $R_2=R_1/\!/R_\mathrm{F}$。

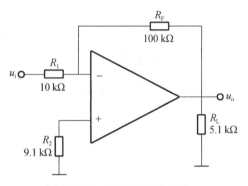

图 3.4.3　反相比例运算电路

2) 同相比例运算电路

图 3.4.4 所示是同相比例运算电路,其输出电压与输入电压之间的关系为:

$$u_\mathrm{o}=\left(1+\frac{R_\mathrm{F}}{R_1}\right)u_\mathrm{i}$$

其中,$R_2=R_1/\!/R_\mathrm{F}$。

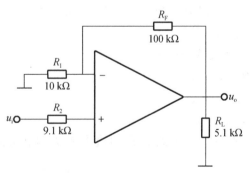

图 3.4.4　同相比例运算电路

$R_1\to\infty$,当时 $u_\mathrm{o}=u_\mathrm{i}$,即得到如图 3.4.5 所示的电压跟随器。

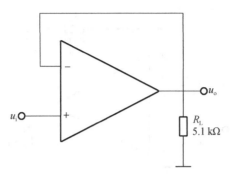

图 3.4.5 电压跟随器

3) 反相加法运算电路

反相加法运算电路如图 3.4.6 所示,其输出电压与输入电压之间的关系为:

$$u_o = -\left(\frac{R_F}{R_1}u_{i1} + \frac{R_F}{R_2}u_{i2}\right)$$

R_3 是 R_1、R_2 和 R_F 的并联对称电阻,$R_3 = R_1 /\!/ R_2 /\!/ R_F$。

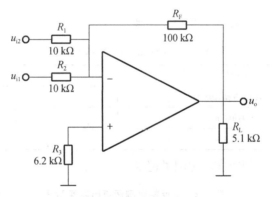

图 3.4.6 反相加法运算电路

4) 减法运算电路

减法运算电路如图 3.4.7 所示,其输出电压与输入电压之间的关系为:

$$u_o = \left(1 + \frac{R_F}{R_1}\right)\frac{R_3}{R_2 + R_3}u_{i2} - \frac{R_F}{R_1}u_{i1}$$

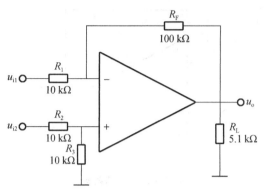

图 3.4.7 减法运算电路

3.4.3 实验内容与步骤

1) 反相比例运算电路

按图 3.4.3 连接实验电路,接通±12 V 电源,输入端对地短路,进行调零和消振。

(1) 按表 3.4.1 内容实验并测量记录。

表 3.4.1 反相比例运算电路实验 1

直流输入电压 u_i(mV)		30	100	300	1 000	3 000
输出电压 u_o	理论估算(mV)					
	实测值(mV)					
	误差					

(2) 按表 3.4.2 要求实验并测量记录。

表 3.4.2 反相比例运算电路实验 2

测试条件		理论估算值			实测值	
u_o	$u+$	$u-$	u_o	$u+$	$u-$	
R_L开路,u_i=0 V						
R_L开路,u_i=800 mV						
R_L=5.1 kΩ,u_i=800 mV						

2) 同相比例运算电路

按图 3.4.4 连接实验电路。

(1) 按表 3.4.3 内容实验并测量记录。

表 3.4.3 同相比例运算电路实验 1

直流输入电压 u_i(mV)		30	100	300	1 000	3 000
输出电压 u_o	理论估算(mV)					
	实测值(mV)					
	误差					

(2) 按表 3.4.4 内容实验并测量记录。

表 3.4.4 同相比例运算电路实验 2

测试条件		理论估算值			实测值	
u_o	u_+	u_-	u_o	u_+	u_-	
R_L 开路 $u_i=0$ V						
R_L 开路 $u_i=800$ mV						
$R_L=5.1$ kΩ $u_i=800$ mV						

3) 电压跟随器

按图 3.4.5 连接实验电路,并按表 3.4.5 内容实验并测量记录。

表 3.4.5 电压跟随器

u_i(V)		−2	−0.5	0	0.5	1
u_o(V)	$R_L=\infty$					
	$R_L=5.1$ kΩ					

4) 反相加法运算电路

按图 3.4.6 连接实验电路,并按表 3.4.6 内容实验并测量记录。

表 3.4.6 反相加法运算电路

u_{i1}(V)	0.3	−0.3
u_{i2}(V)	0.2	0.2
u_o(V)		

5) 减法运算电路

按图 3.4.7 连接实验电路,并按表 3.4.7 内容实验并测量记录。

表 3.4.7 减法运算电路

u_{i1}(V)	1	2	0.2
u_{i2}(V)	0.5	1.8	−0.2
u_o(V)			

3.4.4 Multisim 仿真分析

1) 反相比例运算电路

在 Multisim 中按图 3.4.3 调取所用元件,设定参数,连接电路,具体仿真电路如图 3.4.8 所示。

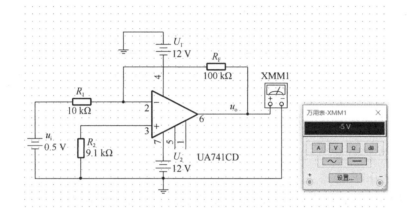

图 3.4.8 反相比例运算仿真电路

2) 同相比例运算电路

在 Multisim 中按图 3.4.4 调取所用元件,设定参数,连接电路,构成同相比例运算仿真电路,如图 3.4.9 所示。

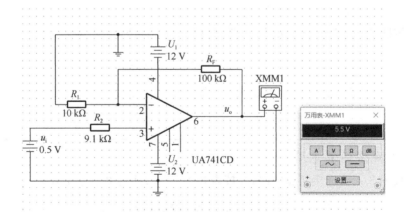

图 3.4.9 同相比例运算仿真电路

3) 电压跟随器

在 Multisim 中按图 3.4.5 调取所用元件,设定参数,连接电路,构成电压跟随器仿真电路,如图 3.4.10 所示。

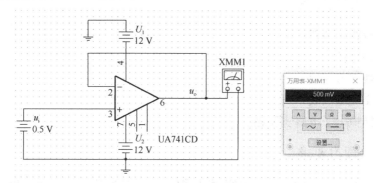

图 3.4.10　电压跟随器仿真电路

4) 反相加法运算电路

在 Multisim 中按图 3.4.6 调取所用元件,设定参数,连接电路,构成反相加法运算电路,如图 3.4.11 所示。

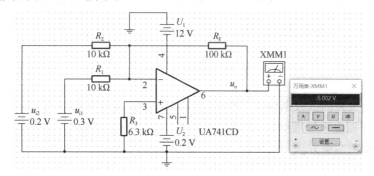

图 3.4.11　反相加法运算仿真电路

5) 减法运算电路

在 Multisim 中按图 3.4.7 调取所用元件,设定参数,连接电路,构成减法运算电路,如图 3.4.12 所示。

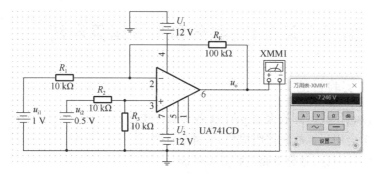

图 3.4.12　减法运算仿真电路

3.4.5 实验设备

(1) 双踪示波器；

(2) 函数信号发生器；

(3) 数字万用表；

(4) 交流毫伏表；

(5) 模拟电子电路实验箱。

3.4.6 预习要求

(1) 复习集成运放应用的内容，并根据实验电路参数计算电路输出电压的理论值。

(2) 复习集成运放主要参数的定义，了解通用运放 $\mu A741$ 的主要参数数值范围。

(3) 了解集成运算放大器的最大输出幅度，合理设置输入电压值。

3.4.7 实验报告要求

(1) 列表整理测量结果，并把实测值与理论计算值进行比较，分析产生误差原因。

(2) 用实验测试数据说明"虚地"、"虚短"的概念，以及何时用"虚地"概念，何时用"虚短"概念来处理问题。

(3) 小结实验方法和问题。

3.4.8 思考题

(1) 对集成运放如何实现调零？

(2) 如何用万用表粗测集成运放器件？

(3) 为防止在实际应用中操作错误造成运放损坏，要注意哪些问题？

3.5 信号运算电路：积分和微分运算电路

3.5.1 实验目的

(1) 熟悉集成运算放大器 $\mu A741$ 各引脚的作用。

(2) 学会用运算放大器组成积分、微分电路。

(3) 学会积分、微分电路的特点及性能。

(4) 学会上述电路的测试和分析方法。

3.5.2 实验原理

1) 积分电路

积分电路是模拟计算机中的基本单元。利用它可以实现对微分方程的模拟,同时它也是控制和测量系统中的重要单元。利用它的充、放电过程,可以实现延时、定时以及产生各种波形。

图 3.5.1 是一积分电路,它和反相比例放大器的不同之处是用 C 代替反馈电阻 R_F,对于理想运放,该电路的输出电压与输入电压之间的关系为:

$$u_o = -\frac{1}{C}\int i_C \mathrm{d}t = -\frac{1}{RC}\int u_i \mathrm{d}t$$

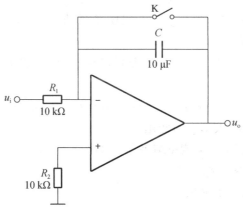

图 3.5.1 积分运算电路

2) 微分电路

微分电路是积分运算的逆运算,图 3.5.2 所示为一微分电路,它与积分电路的区别仅在于电容 C 变换了位置。微分电路的输出电压与输入电压之间的关系为:

$$u_o = -i_R R = -RC\frac{\mathrm{d}u_i}{\mathrm{d}t}$$

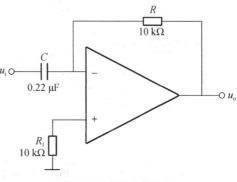

图 3.5.2 微分运算电路

3.5.3 实验内容与步骤

1) 积分运算电路

按图 3.5.1 连接实验电路,接通±12 V 电源,输入端对地短路,进行调零和消振。

(1) 取 $u_i = -1$ V,断开与接通开关 K,用示波器观察 u_o 变化。

(2) 将图 3.5.1 中积分电容改为 0.1 μF,断开 K,u_i 分别输入 100 Hz 幅值为 2 V 的方波和正弦波信号,观察 u_i 和 u_o 大小及相位关系,并记录波形。

(3) 改变图 3.5.1 电路输入信号 u_i 的频率,观察 u_i 和 u_o 的相位、幅值关系。

(4) 自制表格,记录相关测量结果和信号波形。

2) 微分运算电路

按图 3.5.2 连接实验电路,接通±12 V 电源。

(1) 输入正弦波信号,频率 $f = 200$ Hz,有效值为 1 V,用示波器观察 u_i 和 u_o 波形并测量输出电压。

(2) 改变正弦波频率(100~400 Hz),观察 u_i 和 u_o 的相位、幅值变化情况并记录。

(3) 输入方波信号,频率 $f = 200$ Hz,幅值为 5 V,用示波器观察 u_o 波形,改变输入信号幅度,观察 u_o 波形有何变化。

(4) 自制表格,记录相关测量结果和信号波形。

3) 积分—微分电路

实验电路如图 3.5.3 所示。

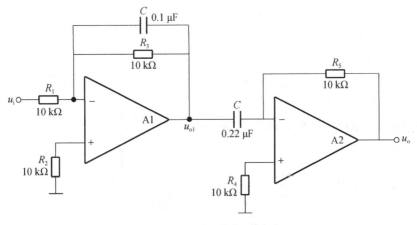

图 3.5.3 积分—微分运算电路

(1) 在 u_i 输入 $f=200$ Hz,幅值为 5 V 的方波信号,用示波器观察 u_i 和 u_o 的波形并记录。

(2) 将 f 改为 500 Hz 重复上述实验。

(3) 自制表格,记录相关测量结果和信号波形。

3.5.4 Multisim 仿真分析

1) 积分运算电路

在 Multisim 中按图 3.5.1 调取所用元件,设定参数,连接电路,具体仿真电路如图 3.5.4 所示。输入相应信号,例如输入方波信号,单击示波器图标,即可观察到输入、输出波形。

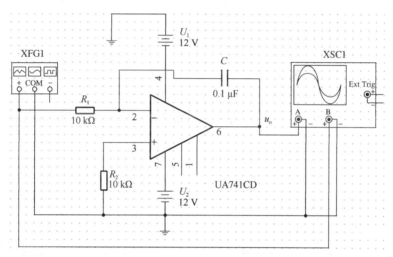

图 3.5.4 积分运算仿真电路

2) 微分运算电路

在 Multisim 中按图 3.5.2 调取所用元件,设定参数,连接电路,具体仿真电路如图 3.5.5 所示。输入相应信号,单击示波器图标,即可观察到输入、输出波形。

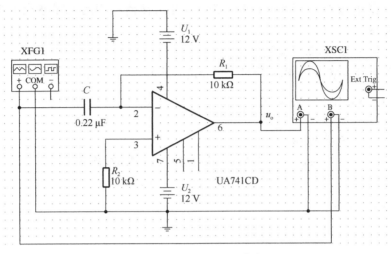

图 3.5.5 微分运算模拟电路

3) 积分-微分运算电路

在 Multisim 中按图 3.5.3 调取所用元件,设定参数,连接电路,具体仿真电路如图 3.5.6 所示。输入相应信号,单击示波器图标,即可观察到输入、输出波形。

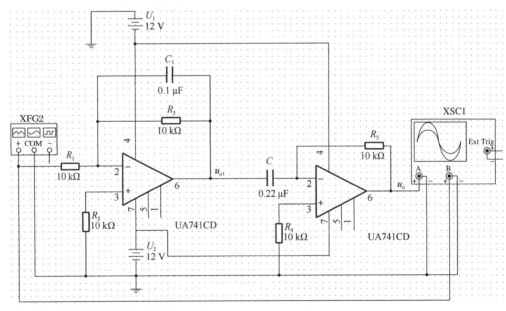

图 3.5.6 积分—微分运算模拟电路

3.5.5 实验设备

(1) 双踪示波器;
(2) 函数信号发生器;
(3) 数字万用表;
(4) 交流毫伏表;
(5) 模拟电子电路实验箱。

3.5.6 预习要求

(1) 分析积分运算电路,求解电路时间常数。
(2) 拟定实验步骤、做好记录表格。

3.5.7 实验报告要求

(1) 列表整理测量结果,并把实测值与理论计算值进行比较,分析产生误差原因。
(2) 总结积分、微分电路特点。
(3) 小结实验方法和问题。

3.5.8 思考题

(1) 对集成运放如何实现调零?
(2) 如何用万用表粗测集成运放器件?
(3) 为防止在实际应用中操作错误造成运放损坏,要注意哪些问题?

3.6 电压比较器

3.6.1 实验目的

(1) 掌握比较器的电路构成及特点。
(2) 学会测试比较器的方法。

3.6.2 实验原理

电压比较器是对输入信号进行鉴幅与比较的电路,广泛应用于波形整形、波形变换以及信号发生等领域。

1) 过零比较器

如图 3.6.1 所示为反相输入过零比较器,利用两个背靠背的稳压管实现限幅。

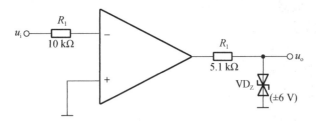

图 3.6.1 过零比较器

集成运放处于工作状态,由于理想运放的开环差模增益 $A_{ud} \to \infty$。因此,当 $u_i < 0$ 时,$u_o = +U_{OM}$(U_{OM} 为最大输出电压),$U_{OM} > U_Z$,导致上稳压管导通下稳压管反向击穿,$u_o = +U_Z = 6$ V。当 $u_i > 0$ 时,$u_o = -U_{OM}$,导致上稳压管反向击穿,下稳压管正向导通,$u_o = -U_Z = -6$ V,其比较器的传输特性为:

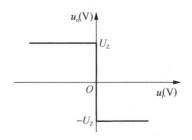

图 3.6.2 电压传输特性

2) 反相输入迟滞比较器

如图 3.6.3 所示为反相输入迟滞比较器。

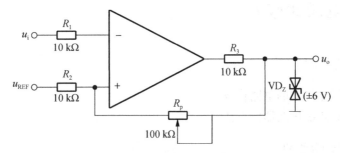

图 3.6.3 反相输入迟滞比较器

利用叠加原理求得同相输入端的电位为:

$$u_+ = \frac{R_p}{R_2+R_p}u_{REF} + \frac{R_2}{R_2+R_p}u_o$$

若原来 $u_o = -U_Z$，当 u_i 逐渐增大时，使 u_o 从 $-U_Z$ 跳变到 $+U_Z$ 所需的门限电压用 U_{T+} 表示：

$$U_{T+} = \frac{R_p}{R_2+R_p}u_{REF} + \frac{R_2}{R_2+R_p}U_Z$$

若原来 $u_o = +U_Z$，当 u_i 逐渐减小时，使 u_o 从 $+U_Z$ 跳变到 $-U_Z$ 所需的门限电压用 U_{T-} 表示：

$$U_{T-} = \frac{R_p}{R_2+R_p}u_{REF} - \frac{R_2}{R_2+R_p}U_Z$$

上述两个门限电压之差称为回差，用 ΔU 表示：

$$\Delta U = U_{T+} - U_{T-} = \frac{2R_2}{R_2+R_p}U_Z$$

门限宽度 ΔU 的值取决于 U_Z 及 R_2、R_p 的值，与参考电压 u_{REF} 无关，改变 u_{REF} 的大小可同时调节 U_{T+}、U_{T-} 的大小，滞回比较器的传输特性可左右移动，但滞回曲线的宽度将保持不变。

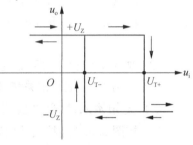

图 3.6.4 电压传输特性

3) 同相输入迟滞比较器

如图 3.6.5 所示为同相输入迟滞比较器。

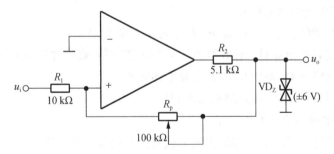

图 3.6.5 同相输入迟滞比较器

电路没有外加基准电压，故 $u_+ = u_- = 0$，利用叠加原理可得：

$$u_+ = \frac{R_p}{R_1+R_p}u_i + \frac{R_1}{R_1+R_p}u_o$$

故

$$U_{T+} = \frac{R_1}{R_p} U_Z$$

$$U_{T-} = -\frac{R_1}{R_p} U_Z$$

所以

$$\Delta U = U_{T+} - U_{T-} = 2\frac{R_1}{R_p} U_Z$$

电压传输特性曲线如图 3.6.6 所示。

3.6.3 实验内容与步骤

1) 过零比较器

(1) 按图 3.6.1 连接实验电路,将 u_i 悬空时测电压 u_o。

(2) u_i 接频率 500 Hz,有效值为 1 V 的正弦波,观察 $u_i - u_o$ 波形并记录(注意 u_o 的正负值)。

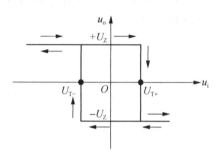

图 3.6.6 电压传输特性

(3) 改变 u_i 幅值,观察 u_o 变化。

(4) 自制表格,记录相关测量结果和信号波形。

2) 反相输入迟滞比较器

(1) 按图 3.6.3 连接实验电路,将 u_{REF} 接地并将 R_p 调为 100 kΩ,u_i 接直流电压源,调整 u_i 测出 u_o 由 $+U_{OM} \to -U_{OM}$ 时 u_i 的临界值(测 u_o 可用示波器直流挡来测,也可用三用表的直流挡)。

(2) 同上,测出 u_o 由 $-U_{OM} \to +U_{OM}$ 时 u_i 的临界值。

(3) u_i 接频率 500 Hz,有效值为 2 V 的正弦信号,观察并记录 $u_i - u_o$ 波形;

(4) 将电路中 R_p 调为 50 kΩ,重复上述实验。

(5) 自制表格,记录相关测量结果和信号波形。

3) 同相输入迟滞比较器

(1) 参照反相迟滞比较器的实验方法自拟实验步骤及方法。

(2) 自制表格,记录相关测量结果和信号波形。

(3) 将结果与反相滞回比较器作对比分析。

3.6.4 Multisim仿真分析

1) 过零比较器

在 Multisim 中按图 3.6.1 调取所用元件,设定参数,连接电路,具体仿真电路如图 3.6.7 所示。输入相应信号,单击示波器图标,即可观察到输入、输出波形。

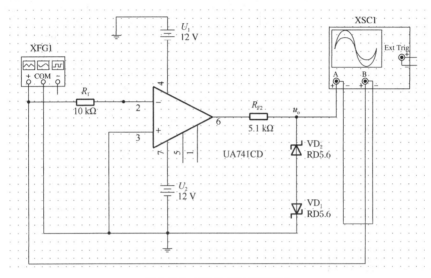

图 3.6.7　过零比较器仿真电路

2) 反相输入迟滞比较器

在 Multisim 中按图 3.6.3 调取所用元件,设定参数,连接电路,具体仿真电路如图 3.6.8 所示。输入相应信号,单击示波器图标,即可观察到输入、输出波形。

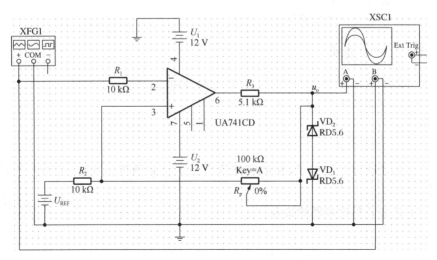

图 3.6.8　反相迟滞比较器仿真电路

3) 同相输入迟滞比较器

在 Multisim 中按图 3.6.5 调取所用元件,设定参数,连接电路,具体仿真电路如图 3.6.9 所示。输入相应信号,单击示波器图标,即可观察到输入、输出波形。

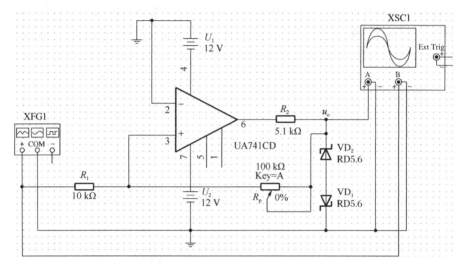

图 3.6.9　同相迟滞比较器仿真电路

3.6.5　实验设备

(1) 双踪示波器;
(2) 函数信号发生器;
(3) 数字万用表;
(4) 交流毫伏表;
(5) 模拟电子电路实验箱。

3.6.6　预习要求

(1) 熟悉电压比较器电路结构、工作原理及电压传输特性。
(2) 拟定实验步骤、做好记录表格。

3.6.7　实验报告要求

(1) 列表整理测量结果,并把实测值与理论计算值进行比较,分析产生误差原因。
(2) 总结几种比较器的特点。

3.6.8 思考题

(1) 对集成运放如何实现调零？
(2) 为防在实际应用中止操作错误造成运放损坏，要注意哪些问题？

3.7 波形产生电路

3.7.1 实验目的

(1) 了解集成运算放大器在信号产生方面的应用。
(2) 掌握由集成运放构成的波形发生电路的特点和分析方法。
(3) 熟悉波形发生器设计方法。

3.7.2 实验原理

在自动化设备和系统中，经常需要进行性能的测试和信息的传送，这些都离不开一定的信号作为测试和传送的依据，在模拟系统中，常用的信号有正弦波、方波和锯齿波信号等。

当集成运放应用于上述不同类型的波形产生电路时，其工作状态并不相同。本实验研究的方波、三角波、锯齿波的电路，实质上是脉冲电路，它们大都工作在非线性区域。常用于脉冲和数字系统中作为信号源。

1) 方波产生电路

方波电路见图 3.7.1 所示。电路由集成运放与 R_1、R_2 及一个迟滞比较器和一个充放电回路组成。稳压管和 R_3 的作用是钳位，将迟滞比较器的输出电压限制在稳压管的稳定电压值。

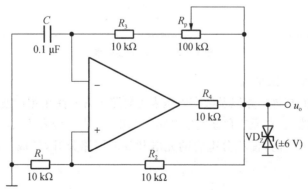

图 3.7.1 方波产生电路

我们知道迟滞比较器的输出只有两种可能的状态：高电平或低电平。迟滞比较器的两种不同的输出电平使 RC 电路进行充电或放电，于是电容上的电压将升高或降低，而电容上的电压又作为迟滞比较器的输入电压，控制其输出端状态发生跳变，从而使 RC 电路由充电过程变为放电过程或相反。如此循环往复，周而复始，最后在迟滞比较器的输出端即可得到一个高低电平周期性交替的矩形波即方波。该矩形波的周期可由下式求得：

$$T = 2RC\ln\left(1 + \frac{2R_1}{R_2}\right)$$

2）三角波产生电路

三角波电路如图 3.7.2 所示。集成运放 A1 组成迟滞比较器，A2 组成积分电路，迟滞比较器输出的矩形波加在积分电路的反相输入端，而积分电路输出的三角波又接到迟滞比较器的同相输入端，控制迟滞比较器输出端的状态发生跳变，从而在 A2 的输出端得到周期性的三角波。调节 R_1、R_2 可使幅度达到规定值，而调节 R_4 可使振荡满足要求。该三角形的周期可由下式求得：

$$T = \frac{4R_1R_4C}{R_2}$$

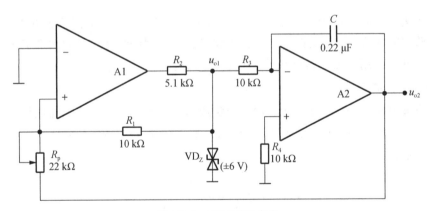

图 3.7.2　三角波产生电路

3）锯齿波产生电路

在示波器的扫描电路以及数字电压表等电路中常常使用锯齿波。图 3.7.3 为锯齿波发生电路，它在原三角波发生电路的基础上，用二极管 D_1、D_2 和电位器 R_P 代替原来的积分电阻，使积分电容的充电和放电回路分开，即成为锯齿波发生电路。其周期为

$$T=\frac{2R_1R_PC}{R_2}$$

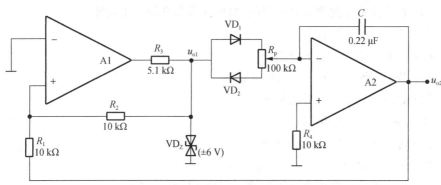

图 3.7.3 锯齿波产生电路

3.7.3 实验内容与步骤

1) 方波产生电路

(1) 按图 3.7.1 连接实验电路。

(2) 用示波器观察 u_C、u_o 波形及频率。

(3) 分别测出 $R=R_3+R_p=10\ \text{k}\Omega$ 和 $R=R_3+R_p=110\ \text{k}\Omega$ 时的频率、输出幅值。

(4) 要想获得更低的频率应如何选择电路参数？试利用实验箱上给出的元器件进行实验并观测之。

2) 占空比可调的矩形波产生电路

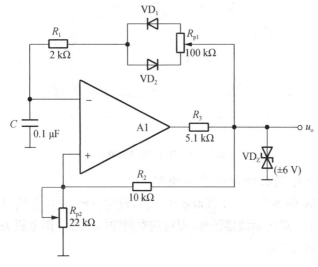

图 3.7.4 占空比可调的矩形波产生电路

(1) 按图3.7.4连接实验电路。
(2) 用示波器观测电路的振荡频率、幅值及占空比。
(3) 若要使占空比更大,应如何选择电路参数并用实验验证。

3) 三角波产生电路

(1) 按图3.7.2连接实验电路。
(2) 分别观测u_{o1}及u_{o2}的波形并记录。
(3) 如何改变输出波形的频率?

4) 锯齿波产生电路

(1) 按图3.7.3连接实验电路。
(2) 观察输出信号波形和频率。
(3) 改变电路参数以改变锯齿波频率并测量变化范围。

3.7.4 Multisim仿真分析

1) 方波产生电路

在Multisim中按图3.7.1调取所用元件,设定参数,连接电路,具体仿真电路如图3.7.5所示。单击示波器图标,即可观察到输出波形。

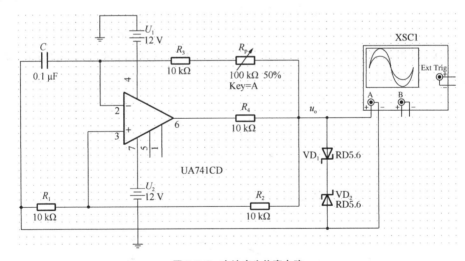

图3.7.5 方波产生仿真电路

2) 占空比可调的矩形波产生电路

在Multisim中按图3.7.4调取所用元件,设定参数,连接电路,具体仿真电路如图3.7.6所示。单击示波器图标,即可观察到输出波形。调整相关电路参数,可以改变矩形波的占空比。

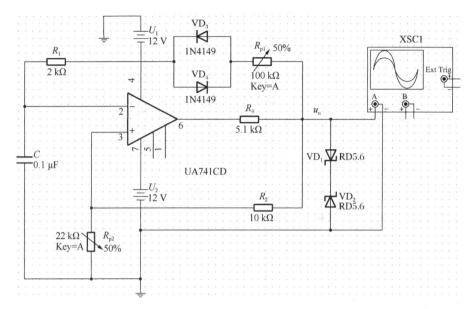

图 3.7.6　占空比可调的矩形波产生仿真电路

3) 三角波产生电路

在 Multisim 中按图 3.7.2 调取所用元件,设定参数,连接电路,具体仿真电路如图 3.7.7 所示。单击示波器图标,即可观察到输出波形。

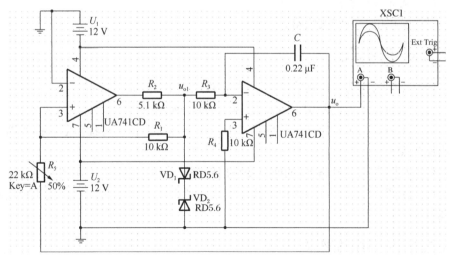

图 3.7.7　三角波产生仿真电路

4) 锯齿波产生电路

在 Multisim 中按图 3.7.3 调取所用元件,设定参数,连接电路,具体仿真电路如图 3.7.8 所示。单击示波器图标,即可观察到输出波形。

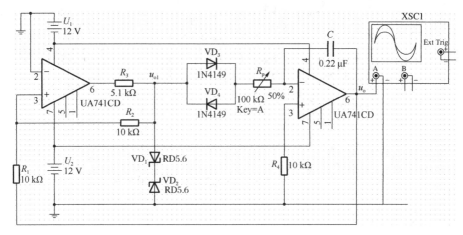

图 3.7.8　锯齿波产生仿真电路

3.7.5　实验设备

(1) 双踪示波器;
(2) 函数信号发生器;
(3) 数字万用表;
(4) 交流毫伏表;
(5) 模拟电子电路实验箱。

3.7.6　预习要求

(1) 分析图 3.7.1 电路的工作原理,定性画出 u_C 和 u_o 的波形。
(2) 若图 3.7.1 电路中 10 kΩ,计算 u_o 的频率。
(3) 在图 3.7.4 电路如何使输出波形占空比变大? 利用实验箱上所标元器件画出原理图。
(4) 在图 3.7.2 电路中,如何改变输出频率? 设计 2 种方案并画图表示。
(5) 在图 3.7.3 电路中如何连续改变振荡频率? 画出电路图(利用实验箱上的元器件)。

3.7.7　实验报告要求

(1) 画出各实验的波形图。
(2) 画出各实验预习要求的设计方案、电路图。写出实验步骤及结果。
(3) 总结波形发生电路的特点。

3.7.8 思考题

(1) 波形产生电路需调零吗?

(2) 波形产生电路有没有输入端?

3.8 集成功率放大电路

3.8.1 实验目的

(1) 熟悉集成功率放大器的特点。

(2) 掌握集成功率放大器的主要性能指标及测量方法。

3.8.2 实验原理

集成功率放大器由集成功放模块和一些外部阻容元件构成。具有电路简单、性能优越、工作可靠、调试方便等优点,被广泛应用于音频放大领域。电路中最主要的组件为集成功放模块,其内部电路与一般分立元件功率放大器不同,通常包括前置级、推动级和功率级等部分。有些还具有一些特殊功能(如消除噪声、短路保护等)的电路。其电压增益较高(不加负反馈时,电压增益达 70~80 dB,加负反馈时电压增益在 40 dB 以上)。

集成功放的种类很多,本实验采用的集成功放为 LM386,它的内部电路结构如图 3.8.1 所示。LM386 是音频集成功率放大电路,采用 8 脚双列直插封装结构,如图 3.8.2 所示。

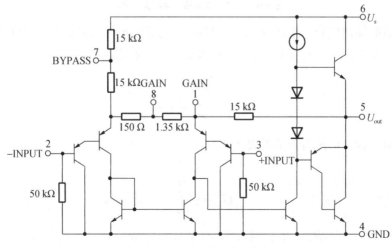

图 3.8.1 LM386 内部电路结构

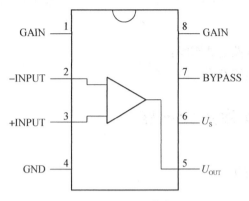

图 3.8.2　LM386 管脚图

图 3.8.3 给出了 LM386 的一种基本用法，也是外接元件最少的一种用法，C_1 为输出电容。由于引脚 1 和 8 开路，集成功放的增益为 26 dB，即电压放大倍数为 20。利用 R_p 可调节扬声器的音量。R 和 C_2 串联构成校正网络用来进行相位补偿。

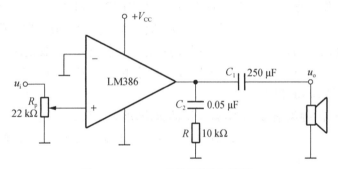

图 3.8.3　LM386 外接元件最少的用法

静态时输出电容上电压为 $V_{CC}/2$，LM386 的最大不失真输出电压的峰-峰值约为电源电压 V_{CC}。设负载电阻为 R_L，最大输出功率表达式为：

$$P_{om}=\frac{\left(\dfrac{V_{CC}/2}{\sqrt{2}}\right)^2}{R_L}=\frac{V_{CC}^2}{8R_L}$$

此时的输入电压有效值的表达式为：

$$U_{im}=\frac{\dfrac{V_{CC}/2}{\sqrt{2}}}{A_u}$$

当 $V_{CC}=16$ V，$R_L=32$ Ω 时，$P_{om}\approx 1$ W，$U_{im}\approx 283$ mV。

图 3.8.4 是 LM386 电压增益最大时的用法，C_3 使引脚 1 和 8 在交流通路中短路，使 $A_u \approx 200$；C_4 为旁路电容；C_5 为去耦电容，滤掉电源的高频交流成分。当 $V_{CC}=16\ V$，$R_L=32\ \Omega$ 时，与图 3.8.3 所示电路相同，P_{om} 仍约为 1 W，但是输入电压的有效值 U_{im} 却仅需 28.3 mV。

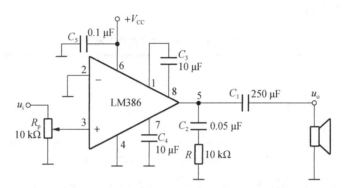

图 3.8.4 LM386 电压增益最大的用法

3.8.3 实验内容与步骤

按图 3.8.5 连接电路。

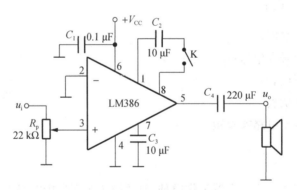

图 3.8.5 利用 LM386 构成的集成功率放大器

本实验电路用的是 LM386，其最大输出功率为 0.5 W，实验中"1""8"端开路，LM386 的电压放大倍数约为 20 倍，负载为 8 Ω 的喇叭。为减少损坏，加在图 3.8.5 所示电位器 R_P 上端的电压不得超过有效值 500 mV。

(1) 取 $V_{CC}=12\ V$，输入交流信号 $f=1\ kHz$，有效值 $U_S=500\ mV$，调节 R_P 电位器使 $U_i=300\ mV$，不接负载，改变频率，测量功放的幅频特性，绘制幅频特性曲线。

(2) 接负载 $R_L=8\ \Omega$ 的喇叭,重复(1)中的实验步骤,将(1)和(2)中得到的幅频特性曲线绘制在同一张图上。

(3) $V_{CC}=12\ V$,$f=1\ kHz$,不接负载,改变输入电压(请特别注意,输入不得超过 500 mV,否则有可能损坏 LM386),测量功放的输入—输出特性曲线,建议按表 3.8.1 要求测量。

表 3.8.1 测量输入—输出特性曲线

输入电压 u_i(mV)	20	30	40	50	100	200	300	400	500
空载输出电压 u_o(mV)									
接载输出电压 u_o(mV)									

(4) 接负载 $R_L=8\ \Omega$ 的喇叭,重复(3)中的实验步骤,将(3)和(4)中得到的输入—输出特性曲线绘制在同一张图上,建议按表 3.8.1 要求测得。

(5) 取 $V_{CC}=12\ V$,$f=1\ kHz$,有效值 $u_i=200\ mV$,测量并估算功放的输出交流功率 P,直流电源消耗功率 P_V(忽略 LM386 中电压放大电路的功耗,仅计算功率放大电路的功耗)和效率 η。

3.8.4 实验设备

(1) 双踪示波器;

(2) 函数信号发生器;

(3) 数字万用表;

(4) 交流毫伏表;

(5) 模拟电子电路实验箱。

3.8.5 预习要求

(1) 复习集成功率放大器工作原理,对照图 3.8.5 分析电路工作原理。

(2) 在图 3.8.5 电路中,若 $V_{CC}=12\ V$,$R_L=8\ \Omega$,估算该电路的 P_{om}、P_V 值。

(3) 阅读实验内容,准备记录表格。

3.8.6 实验报告要求

(1) 整理实验数据,并进行分析。

(2) 画出频率特性曲线。

(3) 总结实验中的问题和体会。

3.8.7 思考题

(1) 为了提高电路的效率,可以采取哪些措施?

(2) 电源电压改变时输出功率和效率如何变化?

(3) 在无输入信号时,从接在输出端的示波器上观察到频率较高的波形,正常否?如何消除?

4 数字逻辑电路实验

4.1 数字逻辑实验箱的使用

4.1.1 实验目的

(1) 了解数字逻辑实验箱的结构,掌握实验箱的使用。
(2) 熟悉门电路的逻辑功能及测试方法。

4.1.2 预习要求

(1) 了解 RZ8658 型实验箱各部分的结构和功能;掌握逻辑笔在各种测试条件下的显示情况。
(2) 阅读实验原理部分,掌握 TTL 逻辑门的测试原理,学会查看芯片的引脚图。
(3) 预习思考题
如何数芯片的引脚? 芯片在面包板上应如何接插? TTL 集成电路电源电压是多少伏?

4.1.3 实验器材

(1) RZ8658 型实验箱;
(2) 仪表和工具(示波器、万用表等)。

4.1.4 实验原理

数字集成逻辑电路分成两大类:双极型电路和 MOS 型电路。双极型电路的元件是双极型晶体管,TTL、ECL、HTL 等都属于此类;MOS 型电路主要元件是 MOS 型场效应管,NMOS、PMOS、CMOS 等集成电路均属该类。

民用 74 系列 TTL 数字逻辑电路可分为 5 个子类:即 74××(标准),74H××(高速),74L××(低功耗),74S××(肖特基),74LS××(低功耗肖特基)。表 4.1.1 给出了这 5 个 TTL 子系列的典型性能指标。现在常见的还有 3 类:74AS××(先进肖特基),74ALS××(先进低功耗肖特基)和74F××(高速)。

表 4.1.1 74 系列 TTL 集成电路典型性能指标

74 系列	逻辑门		触发器
分 类	功 耗(mW)	传输延迟时间(ns)	时钟频率最大值
74	10	10	35 MHz
74H	22	6	50 MHz
74L	1	33	3 MHz
74S	19	3	125 MHz
74LS	2	9.5	45 MHz

上表中 5 个系列的 TTL 电路在平均功耗及传输延迟时间两个参数上有所差异,其他参数和引脚排列基本上彼此兼容。实验中,我们大多采用 74LS 系列 TTL 集成电路芯片。

数字系统的基本单元是逻辑门,任何复杂的数字电路都是由逻辑门组成的。与门、或门、非门、异或门的逻辑符号见表 4.1.2。

表 4.1.2 与门、或门、非门、异或门的逻辑电路符号

项 目	与 门	或 门	非 门	异 或 门
矩形符号	A—[&]—F, B	A—[≥1]—F, B	A—[1]—$\overline{A}$	A—[=1]—F, B
特定外形符号	A,B—⟫—F	A,B—⟫—F	A—▷◦—$\overline{A}$	A,B—⟫—F

图 4.1.1 为 74LS20(四输入双与非门)的引脚排列图,图中 V_{CC}(14 脚)为接+5V 电源端,GND(7 脚)为接地端,NC(3、11 脚)为不用端,其余各引脚是两个与非门的输入、输出端。

芯片引脚的排序:左边缺口(或标记)下为 1 号引脚,它的上面为最大号引脚,按逆时针方向从小到大。

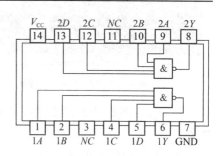

图 4.1.1 74LS20 引脚排列图

4.1.5 实验内容及步骤

1) 二极管显示模块

如图 4.1.2 为二极管显示模块(交通灯),共有 12 个 LED 灯。选择 L1~L12 中的 8 个 LED 灯用导线分别与电源或地线相连,观察各灯的状态,是亮还是灭,结果记入表 4.1.3 中。

(规定交通灯模块左侧中间位置的二极管为 L1,序号逆时针增加)。

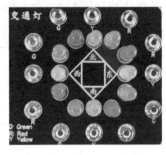

图 4.1.2 二极管显示模块

表 4.1.3 二极管显示状态

L1~L8	LED 状态	逻辑状态	L1~L8	LED 状态	逻辑状态
L1			L5		
L2			L6		
L3			L7		
L4			L8		

2) 输入电平产生模块

实验箱的输入电平产生模块,如图 4.1.3 所示。

K1 至 K8 可以输出高(低)电平。将输入电平产生模块的输出插孔分别与 L1—L8 各输入孔用导线相连,如图 4.1.4 所示。

图 4.1.3 输入电平产生模块

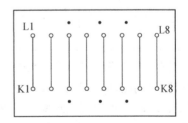

图 4.1.4 输入电平产生模块功能测试图

分别按下逻辑开关,相应的 LED 灯是亮还是灭?未按下时又怎样?观察实验现象。

3) 数码显示电路

实验箱有 6 个数码显示管(SMG201—SMG206),如图 4.1.5 所示。每个数码管的下方有 5 个输入端 D、C、B、A、DP。其中 DP 为小数点控制位,在实验中如果需要可以使用。

按图 4.1.6 连线,以 8421BCD 码的规律按下逻辑开关使其输出 16 种状态,观察数码管的状态,记于表 4.1.4 中。

图 4.1.5 数码显示电路

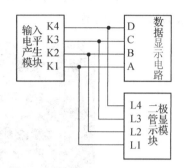

图 4.1.6 数码管显示电路功能测试图

表 4.1.4 数码管的显示状态

逻辑开关的逻辑状态 K4 K3 K2 K1	二极管显示状态 L4 L3 L2 L1	数码显示数值 SMG201
0 0 0 0		
0 0 0 1		
0 0 1 0		
0 0 1 1		
0 1 0 0		
0 1 0 1		
0 1 1 0		
0 1 1 1		
1 0 0 0		
1 0 0 1		
1 0 1 0		
1 0 1 1		
1 1 0 0		
1 1 0 1		
1 1 1 0		
1 1 1 1		

4) 手动脉冲输入

在输入电平产生模块上方 4 个输出口 PS1～PS4 为手动脉冲输入端,每次按下按键,可产生一个脉冲。

5）时钟输出单元与逻辑笔模块

时钟输出单元与逻辑笔模块如图 4.1.7 所示。时钟输出单元可以输出 1Hz 到 1MHz 不等的数字脉冲信号；逻辑笔模块可以输出连续可调的模拟电压，还配有三态检测功能的逻辑笔。

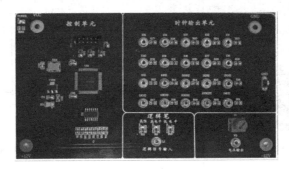

图 4.1.7　时钟输出单元与逻辑笔模块

4.2　门电路及其功能测试

4.2.1　实验目的

（1）熟悉门电路的逻辑功能、逻辑表达式、逻辑符号。
（2）掌握数字电路实验箱及示波器的使用方法。
（3）掌握基本门电路的测试方法。

4.2.2　实验仪器及器材

（1）仪器设备：双踪示波器、数字万用表、数字电路实验箱
（2）器件：
74LS00　二输入端四与非门　　　2 片
74LS20　四输入端双与非门　　　1 片
74LS86　二输入端四异或门　　　1 片

4.2.3　预习要求

（1）预习门电路相应的逻辑表达式。
（2）熟悉所用集成电路的引脚排列及用途。

4.2.4 实验内容及步骤

实验前检查数字电路实验箱电源是否正常,然后选择实验用的芯片插入实验箱中对应的 IC 插座,按自己设计的逻辑电路接好连线。74LS00 的外形和引脚排列分别如图 4.2.1 中的(a)、(b)所示,注意芯片不能插反。线接好后必须检查无误方可通电,实验中改动接线须先断开电源,接好线后再通电。

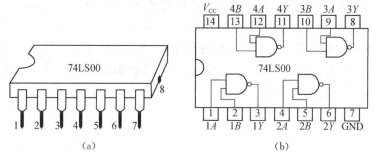

图 4.2.1　74LS00 的外形和引脚排列图

1) 与非门电路逻辑功能的测试

(1) 74LS00 逻辑功能测试

① 静态测试:按图 4.2.2 接线,测试 74LS00 逻辑功能,在与非门的两个输入端 A、B 分别加入相应的逻辑电平,观察并记录与非门对应输出端 Y 的状态以及其相应的电压值,将测试结果填入表 4.2.1 中。

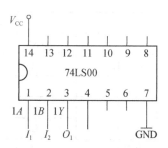

图 4.2.2　74LS00 静态测试接线图

表 4.2.1　74LS00 与非门的逻辑功能测试

输	入	输	出	输	入	输	出
A	B	Y(逻辑值)	电压(V)	A	B	Y(逻辑值)	电压(V)
0	0			1	0		
0	1			1	1		

② 动态测试:观察与非门对脉冲的控制作用。在 74LS00 中任选一组与非门,分别按图 4.2.3 的(a)、(b)连线,并用示波器观察输入、输出端波形,绘出波形图。分析与非门如何完成对脉冲的控制功能。

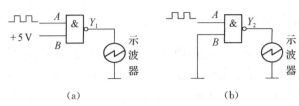

图 4.2.3　74LS00 动态测试接线图

（2）74LS20 逻辑功能测试：选用双四输入与非门 74LS20 一片，插入数字电路实验箱中对应的 IC 插座，按图 4.2.4 接线，输入端 1、2、4、5 分别接到 K1～K4 逻辑开关，输出端接发光二极管 L1～L12 中任意一个，将逻辑功能测试结果记录在表 4.2.2 中。

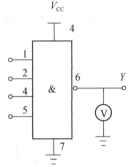

图 4.2.4　74LS20 功能测试图

表 4.2.2　74LS20 与非门的逻辑功能测试

输入				输出	
1(K1)	2(K2)	4(K3)	5(K4)	Y	电压值(V)
H	H	H	H		
L	H	H	H		
L	L	H	H		
L	L	L	H		
L	L	L	L		

2）CMOS 或非门电路逻辑功能测试

如图 4.2.5 所示为集成电路芯片 CD4001 的外形(a)和引脚排列图(b)。

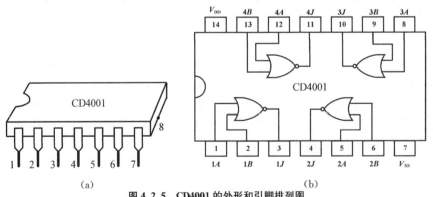

图 4.2.5　CD4001 的外形和引脚排列图

(1) 静态测试：按图 4.2.6 接线，测试 CD4001 功能，将测试结果填入表 4.2.3 中，判断该器件工作是否正常。在或非门输入端 A、B 上分别加上相应的逻辑电平，测试、观察并记录或非门对应输出端 J 的状态。

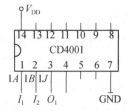

图 4.2.6 CD4001 动态测试接线图

表 4.2.3 CD4001 或非门逻辑功能测试

输	入	输	出	输	入	输	出
A	B	电压(V)	J(逻辑值)	A	B	电压(V)	J(逻辑值)
0	0			1	0		
0	1			1	1		

(2) 动态测试：观察或非门对脉冲的控制作用。在 CD4001 中任选一组或非门，分别按图 4.2.7 的(a)、(b)连线，并用示波器观察输入、输出端波形，绘出波形图。分析或非门如何完成对脉冲的控制功能。

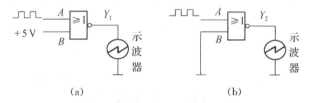

图 4.2.7 CD4001 动态测试接线图

3) 与非门电路传输时延的测试

在 TTL 电路中，由于二极管和三极管从导通变为截止或从截止变为导通都需要一定的时间，而且还有二极管、三极管以及电阻、连接线等的寄生电容存在，所以把理想的矩形电压信号加到 TTL 反相器的输入端时，输出电压的波形不仅要比输入信号滞后，而且波形的上升沿和下降沿也将变坏，如图 4.2.8 所示。我们把输出电压波形滞后于输入电压波形的时间叫做传输延迟时间。通常将输出电压由低电平跳变为高电平时的传输延迟时间称为截止延迟时间，记作 t_{pLH}；把输出电压由高电平跳变为低电平时的传输延迟时间称为导通延迟时间，记作 t_{pHL}。t_{pLH} 和 t_{pHL} 的定义方法如图 4.2.8(a)所示。平均传输延迟时间 t_{pd} 定义为：

$$t_{pd} = \frac{t_{pHL} + t_{pLH}}{2}$$

TTL 门电路的传输延迟时间一般为几十纳秒，延迟时间越长，说明门的开关速度越低。

因为传输延迟时间和电路的许多分布参数有关,不易准确计算,所以 t_{pHL} 和 t_{pLH} 的数值最后都是通过实验方法测定的。这些参数可以从产品手册上查到。

t_{pd} 的测试电路如图 4.2.8(b)所示,由于 TTL 门电路的延迟时间较小,直接测量时对信号发生器和示波器的性能要求较高,故实验采用测量由奇数个与非门组成的环形振荡器的振荡周期 T 来求得。其工作原理是:假设电路在接通电源后某一瞬间,电路中的 A 点为逻辑 1,经过三级门的延迟后,使 A 点由原来的逻辑 1 变为逻辑 0;再经过三级门的延迟后,A 点电平又重新回到逻辑 1。电路中其他各点电平也跟随变化。说明使 A 点发生一个周期的振荡,必须经过 6 级门的延迟时间,因此平均传输延迟时间为 $t_{pd}=T/6$。

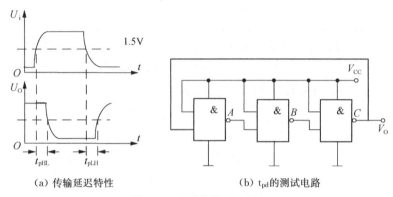

(a) 传输延迟特性　　　　(b) t_{pd} 的测试电路

图 4.2.8　平均传输延迟时间

一般情况下,低速组件 t_{pd} 约为 40～160 ns,中速组件约为 15～40 ns,高速组件约为 8～15 ns,超高速组件 t_{pd}<8 ns。TTL 电路的 t_{pd} 一般在 10～40 ns 之间。

4.2.5　实验报告

(1) 按各步骤要求填表并画逻辑图。

(2) 思考并回答问题。

① 怎样判断门电路逻辑功能是否正常?

② 与非门一个输入端接连续脉冲,其余端什么状态时允许脉冲通过? 什么状态时禁止脉冲通过?

③ 异或门又称可控反相门,为什么?

4.3 组合逻辑电路设计

4.3.1 实验目的

(1) 掌握组合逻辑电路的设计方法。
(2) 掌握半加器逻辑功能和实现方法。

4.3.2 实验仪器及器材

(1) 实验仪器设备:数字万用表、数字电路实验箱
(2) 器件
  74LS00 二输入端四与非门 1片
  74LS20 四输入端双与非门 1片
  74LS86 二输入端四异或门 1片

4.3.3 预习要求

(1) 预习组合逻辑电路的设计方法与分析方法。
(2) 预习三人表决电路的设计方法。
(3) 预习用与非门和异或门构成半加器的工作原理。

4.3.4 实验内容及步骤

1) 三人表决电路

假设有三个人参加对某项提案的表决,如果参加表决的三个人中有任意两人或三人同意,则提案通过;否则,提案不能通过。用与非门实现该电路。

(1) 变量定义:设变量 A、B、C 分别代表三人的意见,取值为 1 表示同意,取值为 0 表示不同意;变量 Z 表示表决结果,$Z=1$ 表示提案通过。
(2) 列出真值表,如表 4.3.1 所示。

表 4.3.1 三人表决电路的真值表

ABC	Z
000	0
001	0
010	0
011	1

续表 4.3.1

1 0 0	0
1 0 1	1
1 1 0	1
1 1 1	1

(3) 根据真值表写出逻辑表达式：

$$F=AB+BC+AC=\overline{\overline{AB}\cdot\overline{BC}\cdot\overline{AC}}$$

(5) 根据逻辑表达式画出逻辑图,如图 4.3.1 所示。

(6) 在数字电路实验箱上用 74LS00 和 74LS20 实现上面的电路。输入端 A、B、C 接逻辑开关 K1、K2、K3，Z 接发光二极管。验证电路输出是否与真值表一致。

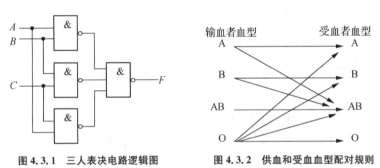

图 4.3.1　三人表决电路逻辑图　　　图 4.3.2　供血和受血血型配对规则

2) 用与非门为医院设计一个血型配对指示器。

用与非门为医院设计一个血型配对指示电路,当供血和受血血型不符合图 4.3.2 所示规则时,指示灯亮。

(1) 变量定义:首先需要确定输入、输出变量。输入信号是供血方的血型和受血方的血型,供血方的血型有 A、B、AB、O 四种,受血方的血型也是这 4 种,设供血方的血型用变量 WX 的取值表示,受血方的血型用变量 YZ 的取值表示。血型编码为:O 型(00)、A 型(01)、B 型(10)、AB 型(11)。即当 $WX=00$ 时,表示供血方的血型为 O 型;$YZ=00$ 则表示受血方的血型为 O 型。输出信号是血型配对结果,用 F 表示。$F=1$ 表示血型不符,指示灯亮(需要一个高电平驱动的指示灯);$F=0$ 表示血型配对成功,指示灯不亮。

(2) 列出真值表:根据上述变量定义和图 4.3.2 所示血型配对规则,可导出真值表如表 4.3.2 所示。

表 4.3.2 血型配对指示器真值表

WXYZ	F	供→受	WXYZ	F	供→受
0000	0	O→O	1000	1	B→O
0001	0	O→A	1001	1	B→A
0010	0	O→B	1010	0	B→B
0011	0	O→AB	1011	0	B→AB
0100	1	A→O	1100	1	AB→O
0101	0	A→A	1101	1	AB→A
0110	1	A→B	1110	1	AB→B
0111	0	A→AB	1111	0	AB→AB

(3) 采用卡诺图化简(圈1)可以求出最简与或式:$F=W\bar{Y}+X\bar{Z}$

与最简与或式相应的与非门电路如图 4.3.3 所示。

(4) 在数字电路实验箱上用 74LS00 和 74LS20 实现上面的电路。输入端 W、X、Y、Z 接逻辑开关 K1、K2、K3、K4,F 接发光二极管。验证电路输出是否与真值表一致。

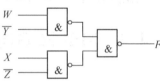

图 4.3.3 与非门实现的血型配对指示电路

3) 用异或门(74LS86)和与非门实现半加器

根据半加器的逻辑表达式可知,半加器本位和 Y 是 A、B 的异或,而进位 Z 是 A、B 相与,即半加器可用一个异或门和两个与非门实现,如图 4.3.4 所示。

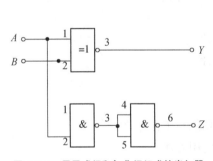

图 4.3.4 用异或门和与非门组成的半加器

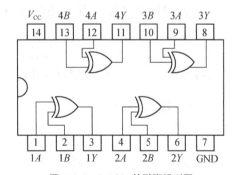

图 4.3.5 74LS86 的引脚排列图

(1) 在数字电路实验箱上插入异或门和与非门芯片。输入端 A、B 接逻辑开关,Y、Z 接发光二极管。

74LS86 里集成了 4 个异或门,图 4.3.5 为 74LS86 的引脚排列图。

(2) 按表 4.3.3 要求改变 A、B 状态,填表并写出 Y、Z 逻辑表达式。

表 4.3.3　半加器功能表

输入端	A	0	1	0	1
	B	0	0	1	1
输出端	Y				
	Z				

4.3.5　实验报告

(1) 整理实验数据、图表并对实验结果进行分析。
(2) 总结实验中出现的问题和解决的办法。
(3) 思考并回答问题,如果用或非门实现三人表决电路,应该怎样设计电路? 写出函数表达式并画出逻辑图。

4.4　MSI 译码器及其应用

4.4.1　实验目的

(1) 验证译码器的逻辑功能。
(2) 熟悉译码器的使用方法。

4.4.2　实验仪器及器材

(1) 实验仪器设备:数字万用表、数字电路实验箱
(2) 器件
74LS138　　　3 线－8 线译码器　　　1 片
74LS20　　　四输入端双与非门　　　1 片

4.4.3　预习要求

(1) 预习 3 线－8 线译码器 74LS138 的功能与工作原理。
(2) 预习 3 线－8 线译码器 74LS138 的使用方法。

4.4.4　实验内容及步骤

1) 验证 74LS138 的逻辑功能

74LS138 是 3 线－8 线通用变量译码器,其引脚排列如图 4.4.1 所示,表 4.4.1 是其功能表,C、B、A 是地址输入端,$Y_0 \sim Y_7$ 是译码输出端,G_1、G_{2A}、G_{2B}

为使能端，G_1 为高电平有效，G_{2A}、G_{2B} 为低电平有效，所以，当 $G_1=1, G_{2A}+G_{2B}=0$ 时，器件使能。

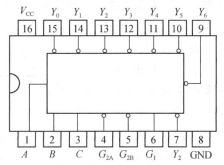

图 4.4.1　74138 的引脚排列图

表 4.4.1　74138 功能表

使能输入			逻辑输入			输出							
G_1	G_{2A}	G_{2B}	C	B	A	Y_0	Y_1	Y_2	Y_3	Y_4	Y_5	Y_6	Y_7
x	1	x	x	x	x	1	1	1	1	1	1	1	1
x	x	1	x	x	x	1	1	1	1	1	1	1	1
0	x	x	x	x	x	1	1	1	1	1	1	1	1
1	0	0	0	0	0	0	1	1	1	1	1	1	1
1	0	0	0	0	1	1	0	1	1	1	1	1	1
1	0	0	0	1	0	1	1	0	1	1	1	1	1
1	0	0	0	1	1	1	1	1	0	1	1	1	1
1	0	0	1	0	0	1	1	1	1	0	1	1	1
1	0	0	1	0	1	1	1	1	1	1	0	1	1
1	0	0	1	1	0	1	1	1	1	1	1	0	1
1	0	0	1	1	1	1	1	1	1	1	1	1	0

将 3 线－8 线译码器 74LS138 输入端按照表 4.4.2 加入高低电平，用 LED 灯显示输出电平，将测试结果填入表 4.4.2 中。

表 4.4.2　测试 3 线－8 线译码器真值表

输入					输出							
G_1	$G_{2A}+G_{2B}$	A_2	A_1	A_0	Y_0	Y_1	Y_2	Y_3	Y_4	Y_5	Y_6	Y_7
1	0	0	0	0								
1	0	0	0	l								
l	0	0	l	0								
l	0	0	l	1								
1	0	l	0	0								
l	0	l	0	l								
1	0	l	l	0								
l	0	l	1	l								
0	×	×	×	×								
×	l	×	×	×								

2) 实现组合逻辑函数

(1) 用 74LS138 实现一个三人表决电路。参加表决的三个人中有任意两人或三人同意,则提案通过;否则,提案不能通过。

定义自变量 A、B、C 表示投票的三个人,投票结果用变量 Y 表示,可知,当自变量中有两个或两个以上取值为 1 时,函数值为 1。函数表达式为:$Y(A,B,C)=AB+BC+AC=\Sigma m(3,5,6,7)$,可用 3 线－8 线译码器及与非门实现,如图 4.4.2 所示。

(2) 设计一个用 74LS138 译码器检测信号灯工作状态的电路。信号灯有红(A)、黄(B)、绿(C)三种,正常工作时,只能是红、绿、红黄、或绿黄灯亮,其他情况视为故障,电路报警,报警输出为 1。

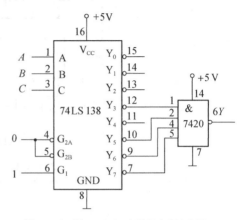

图 4.4.2　用 74LS138 实现三人表决电路

(3) 用 74LS138 实现 1 位全加器。

3) 将 3 线－8 线译码器扩展为 4 线－16 线译码器。

4.4.5　实验报告

(1) 画出各个电路原理图及接线图,标出元件型号。
(2) 反映完整测试过程,描述实际测出的电路功能。
(3) 分析测试结果。

4.5　数据选择器及其应用

4.5.1　实验目的

(1) 熟悉数据选择器的功能及测试方法。
(2) 掌握用数据选择器实现逻辑函数的方法。

4.5.2　实验仪器及器材

(1) 实验仪器设备:数字万用表、数字电路实验箱
(2) 器件

74LS153   双四选一数据选择器   1片
74LS20   四输入端双与非门   1片

4.5.3 预习要求

(1) 熟悉 74LS153 的管脚排列。
(2) 熟悉用数据选择器实现逻辑函数的方法。

4.5.4 实验内容及步骤

1) 验证 74LS153 的逻辑功能

74LS153 是双四选一数据选择器，其引脚排列见图 4.5.1，功能见表 4.5.1。

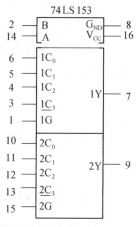

图 4.5.1 74LS153 引脚图

表 4.5.1 74LS153 功能表

选择输入		数据输入					输 出
B	A	D_0	D_1	D_2	D_3	G	Y
X	X	X	X	X	X	1	0
0	0	0	X	X	X	0	0
0	0	1	X	X	X	0	1
0	1	X	0	X	X	0	0
0	1	X	1	X	X	0	1
1	0	X	X	0	X	0	0
1	0	X	X	1	X	0	1
1	1	X	X	X	0	0	0
1	1	X	X	X	1	0	1

74LS153 中每个 4 选 1 数据选择器都有一个选通输入端 G，输入低电平有效。应当注意到：选择输入端 B、A 为两个数据选择器所共用；从功能表可以看出，数据输出 Y 的逻辑表达式为：

$$Y = \overline{G}[D_0(\overline{B}\overline{A}) + D_1(\overline{B}A) + D_2(B\overline{A}) + D_3(BA)]$$

即当选通输入 $G=0$ 时，当选择输入 B、A 分别为 00、01、10、11，则相应地把 D_0、D_1、D_2、D_3 送到数据输出端 Y 去。当 $G=1$ 时，Y 恒为 0。

根据 74LS153 功能表，验证 74LS153 的功能。

2) 用数据选择器实现逻辑函数

用一个四选一数据选择器和最少量的与非门,设计一个符合输血—受血规则(见图4.5.2)的电路,检测所设计电路的逻辑功能。

3) 用四选一数据选择器构成八选一数据选择器

用2个四选一数据选择器构成1个八选一数据选择器(要求:用74LS153完成),并验证其逻辑功能。

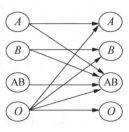

图 4.5.2　输血—受血规则图

4.5.5　实验报告

(1) 画出各个电路原理图及接线图,标出元件型号。
(2) 反映完整测试过程,描述实际测出的电路功能。
(3) 分析测试结果。

4.6　触发器及其应用

4.6.1　实验目的

(1) 熟悉并掌握 D、J-K 触发器的特性和功能测试方法。
(2) 掌握 D、J-K 触发器的使用方法。

4.6.2　实验仪器及器材

(1) 实验仪器设备:双踪示波器、数字万用表、数字电路实验箱
(2) 器件

74LS00	二输入端四与非门	1片
74LS74	双 D 触发器	1片
74LS76	双 J-K 触发器	1片

4.6.3　实验内容及步骤

1) D 触发器 74LS74 功能测试

74LS74 内部集成了两个上升沿触发的 D 型触发器,其引脚排列见图 4.6.1。在时钟 CP 上升沿时刻,触发器输出端 Q 根据输入端 D 的值而改变,其余时间触发器保持状态不变。CLR 和 PR 为异步复位、置位端,低电平有效,可对电路预置

初始状态。

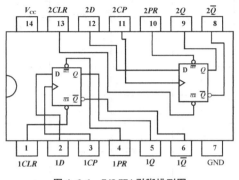

图 4.6.1 74LS74 引脚排列图

按表 4.6.1 要求,测试 D 触发器 74LS74 的逻辑功能,观察并记录 Q 输出端的状态。

表 4.6.1 74LS74 D 触发器功能测试表

PR	CLR	D	CP	Q^{n+1}	
				$Q^n=0$	$Q^n=1$
0	1	x	x		
1	0	x	x		
1	1	0	↑		
1	1	1	↑		

2) JK 触发器 74LS112 功能测试

在所有类型触发器中,JK 触发器功能最全,具有清"0"、置"1"、保持和翻转等功能。74LS112 内部集成了两个下降沿触发的 JK 触发器,其引脚排列见图 4.6.2。

常用的 JK 触发器还有 74LS73、74LS113、74LS114 等,功能及使用方法略有不同,具体使用时请参考器件手册。

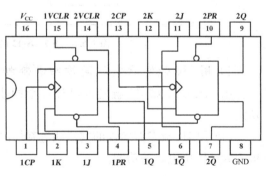

图 4.6.2 74LS112 引脚排列图

按表 4.6.2 要求,测试 JK 触发器(74LS112)的逻辑功能,观察并记录 Q 输出端的状态。

表 4.6.2　74LS112 JK 触发器功能测试表

PR	CLR	J	K	CP	Q^{n+1}	
					$Q^n=0$	$Q^n=1$
0	1	×	×	×		
1	0	×	×	×		
1	1	0	0	↓		
1	1	0	1	↓		
1	1	1	0	↓		
1	1	1	1	↓		

3）分析 74LS112 构成的逻辑电路

由 74LS112 构成的逻辑电路如图 4.6.3 所示，在实验板上验证图中电路的功能，并判断此电路是模为多少的计数器。

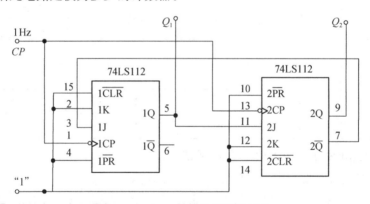

图 4.6.3　由 74LS112 构成的逻辑电路

4）用 JK 触发器实现同步四进制加法计数器

用 74LS112 双 JK 触发器设计一个同步四进制加法计数器，并验证其逻辑功能。

（1）用 JK 触发器实现的同步四进制加法计数器电路如图 4.6.4 所示，在实验板上验证图中电路的功能。

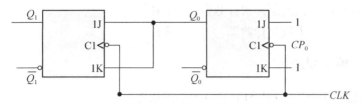

图 4.6.4　由 JK 触发器构成的同步四进制加法计数器电路

(2) 触发器的时钟信号用单脉冲输入，观察两个触发器的输出的变化，并加以记录。

5) 用 D 触发器实现六进制异步加法计数器

用 D 触发器设计一个六进制异步加法计数器，并验证其逻辑功能。

(1) 用单脉冲输入，观察输出的变化情况，并加以记录。

(2) 用 $f=10\ \text{Hz}$ 的连续脉冲作输入，用双踪示波器观察并画出 CP 端与 Q_2 端的脉冲波形图，标出其脉冲工作特性，主要包括建立时间 t_{set}、保持时间 t_h、时钟高电平持续时间 t_{WH}、时钟低电平持续时间 t_{WL}。

4.6.4　实验报告

(1) 画出各个电路原理图及接线图，标出元件型号。
(2) 反映完整测试过程，描述实际测出的电路功能。
(3) 分析测试结果。
(4) 总结各类触发器特点。

4.7　MSI 计数器

4.7.1　实验目的

(1) 熟悉中规模异步、同步计数器的功能，掌握其使用方法。
(2) 熟悉 MSI 计数器的应用。

4.7.2　实验仪器及器材

(1) 实验仪器设备：双踪示波器、数字万用表、数字电路实验箱
(2) 器件

74LS00	二输入四与非门	1 片
74LS163	二进制加法计数器	1 片

| 74LS161 | 二进制加法计数器 | 1片 |
| 74LS90 | 十进制计数器 | 2片 |

4.7.3 预习要求

（1）熟悉 74LS163、74LS161、74LS90 的功能。

（2）熟悉 74LS163、74LS161、74LS90 的使用方法。

4.7.4 实验原理

1）MSI 计数器介绍

计数器是实现对输入时钟脉冲数目进行计数的常用的时序电路。

计数器的种类很多，各种计数器的不同特点主要表现在计数方式（同步计数或异步计数）、模、码制（自然二进制码或 BCD 码等）、计数规律（加法计数或加/减计数）、预置方式（同步预置或异步预置）以及复位方式（异步复位或同步复位）等方面。

计数器的型号有很多，既有 TTL 型器件，也有 CMOS 型器件。表 4.7.1 列出了部分常用的集成计数器。

表 4.7.1 常用集成计数器

型号	计数方式	模及码制	计数规律	预置	复位	触发方式
7490	异步	2×5	加法	异步	异步	下降沿
7492	异步	2×6	加法	—	异步	下降沿
74160	同步	模10,8421码	加法	同步	异步	上升沿
74161	同步	模16,二进制	加法	同步	异步	上升沿
74162	同步	模10,8421码	加法	同步	同步	上升沿
74163	同步	模16,二进制	加法	同步	同步	上升沿
74190	同步	模10,8421码	单时钟,加/减	异步	—	上升沿
74191	同步	模16,二进制	单时钟,加/减	异步	—	上升沿
74192	同步	模10,8421码	双时钟,加/减	异步	异步	上升沿
74193	同步	模16,二进制	双时钟,加/减	异步	异步	上升沿
CD4020	异步	模2^{14},二进制	加法	—	异步	下降沿

同步计数器中的所有触发器共用一个时钟信号，该时钟信号直接或经一定的组合电路加至各触发器的 CP 端，使触发器同时翻转计数，所以同步计数器的工作速度较快。而异步计数器中各触发器不共用时钟脉冲，各级的翻转是异步的，所以工作速度较慢，而且，若由各级触发器直接译码，还会出现竞争—冒险现象。但异

步计数器的电路结构比同步计数器简单。

MSI 计数器的功能表示方式有两种：功能表和时序波形图，一般借助于器件手册提供的功能表和波形图，就能正确使用它们，因此要求必须能够看懂其功能表和时序波形图，在此基础上才能合理地选用器件，灵活地使用器件的各控制端，运用各种设计技巧，完成任务要求的功能。

2）MSI 计数器 74LS163

74LS163 为 4 位二进制同步可预置加法计数器，其引脚排列见图 4.7.1，功能见表 4.7.2。从 74LS163 的功能表可以看出，复位、置数、计数都要在时钟上升沿到来时才能完成。

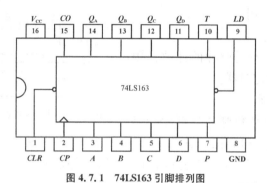

图 4.7.1　74LS163 引脚排列图

表 4.7.2　74LS163 功能表

输 入								输 出				工作方式
CLR	LD	P	T	CP	D	C	B	A	Q_D	Q_C	Q_B	Q_A	
0	x	x	x	↑	x	x	x	x	0	0	0	0	同步复位
1	0	x	x	↑	d	c	b	a	d	c	b	a	同步置数
1	1	x	0	x	x	x	x	x	Q_D^n	Q_C^n	Q_B^n	Q_A^n	保持
1	1	0	x	x	x	x	x	x	Q_D^n	Q_C^n	Q_B^n	Q_A^n	保持
1	1	1	1	↑	x	x	x	x	加法计数				加法计数

74LS161 与 74LS163 的引脚排列相同，功能上唯一的区别是 74LS161 为异步复位，74LS163 为同步复位。

3）MSI 计数器的应用

（1）构成模 N 计数器

利用集成计数器的置数端和复位端，合理使用其复位、置数功能，可以方便地构成任意进制计数器。两种方法的区别是：

① 利用复位端构成任意模计数器，计数器起点必须是 0，而利用置数端构成任

意模计数器,计数的起点可为任意值。

② 如果利用芯片的异步置数和异步复位构成计数器会在输出波形上产生毛刺。

图 4.7.2 是用 74163 的同步复位端构成的模 6 计数器。

(2) 级联

将两个以上的 MSI 计数器按一定方式串接起来是构成大规模计数器的方法。同步计数器往往设有进位(或借位)输出信号,供电路级联时使用。

(3) 用作定时器

由于计数器具有对脉冲的计数作用,所以计数器可用作定时器。

(4) 用作分频器

计数器可以对计数脉冲分频,改变计

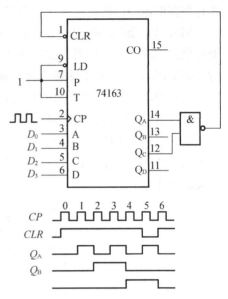

图 4.7.2 利用同步复位端构成模 6 计数器

数器的模便可以改变分频比。如图 4.7.3 所示为 74163 构成的分频器。分频比 $M=16-N=16-11=5$(11 即二进制 1011),即 CO 输出的脉冲频率为 CP 的 1/5。改变 N 即可改变分频比。

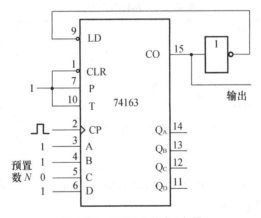

图 4.7.3 用 74163 构成分频器

(5) 计数器辅以数据选择器或适当的门电路构成计数型周期序列发生器

如图 4.7.4 所示为 74163 和 74151(八选一数据选择器)构成的巴克码序列 1110010 产生器。计数器的模数 $M=7$ 即为序列的周期,计数器的输出作为数据选择器的地址变量,要产生的序列作为数据选择器的数据输入,数据选择器的输出即为要产生的输出序列。

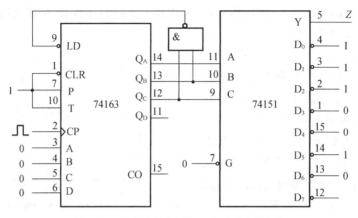

图 4.7.4　7 位巴克码序列 1110010 产生器电路

4.7.5　实验内容及步骤

1）用 74LS163（或 74LS161）采用反馈置数法设计十进制计数器

用 74LS163（或 74LS161）和 74LS00 设计一个十进制的计数器，采用反馈置数实现，要求以 BCD 码显示。

（1）如图 4.7.5 所示是用同步置数构成的十进制计数器实现电路，在实验板上验证该电路的功能。

（2）在图 4.7.5 的十进制计数器的基础上，改变电路的模，实现模 9、模 8、模 5 计数器，通过 LED 灯或数码管观察并记录实验结果，并用示波器观察时钟 CP 和输出 CO、QD、QC、QB、QA 的波形，记录并分析实验现象。

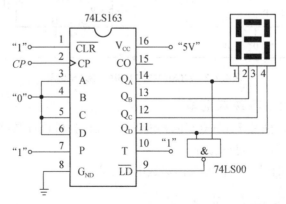

图 4.7.5　用 74LS163（或 74LS161）构成十进制计数器（同步置数）

2) 用 74LS163(或 74LS161)采用反馈复位法设计十进制计数器

用 74LS163(或 74LS161)和 74LS00 设计十进制的计数器,采用反馈复位方法实现,要求以 BCD 码显示。

(1) 如图 4.7.6 所示是用 74163 构成的 1 位 8421BCD 码加法计数器电路图,采用了反馈复位方法实现,在实验板上验证该电路的功能。

(2) 思考如果用 74161 采用反馈复位方法实现 1 位 8421BCD 码加法计数器,应该如何连接电路,设计电路并在实验板上验证其功能。

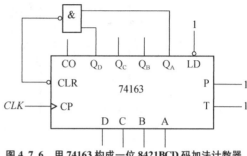

图 4.7.6 用 74163 构成一位 8421BCD 码加法计数器 (反馈复位)

(3) 在实现十进制计数的基础上,改变电路的模,实现模 9、模 7、模 6 计数器,通过 LED 灯或数码管观察并记录实验结果,并用示波器观察时钟 CP 和输出 CO、QD、QC、QB、QA 的波形,记录并分析实验现象。

3) 分析 74LS161(或 74LS163)级联电路

图 4.7.7 是用两片 74LS161(或 74LS163)级联构成的计数器,分析该计数器的模是多少,并在实验板上搭建该电路进行验证。

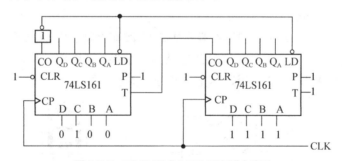

图 4.7.7　74LS161(或 74LS163)级联电路图

4) 分析 74LS90 级联电路

图 4.7.8 是用两片 74LS90 级联构成的计数器,分析该计数器的模是多少,并在实验板上搭建该电路进行验证。

74LS90 的功能表请查阅相关的集成电路手册。

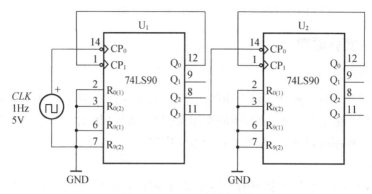

图 4.7.8 74LS90 级联电路图

5）用 74LS90 构成模 12 计数器

用 74LS90 构成模 12 计数器，采用反馈清 0 方法实现，要求以 BCD 码显示。

4.7.6 报告要求

（1）画出各个电路原理图及接线图，标出元件型号。
（2）反映完整测试过程，描述实际测出的电路功能。
（3）分析测试结果。

4.7.7 思考题

（1）详细描述实验内容中每个题目的设计过程，整理并分析实验数据。
（2）分析实验过程中遇到的问题，总结实验的收获和体会。
（3）计数/定时器在通信系统中的作用是什么？
（4）进一步理解同步和异步的概念。如何理解同步复位和异步复位？
（5）解释一下异步计数器中存在竞争－冒险现象的原因。

4.8 移位寄存器

4.8.1 实验目的

（1）理解中规模 4 位双向移位寄存器的工作机制及使用方法。
（2）熟悉移位寄存器的典型应用。

4.8.2 实验仪器及器材

（1）实验仪器设备：双踪示波器、数字万用表、数字电路实验箱

（2）器件:74LS194 双向 4 位移位寄存器　　1 片

4.8.3　实验原理

1）移位寄存器

移位寄存器是一种具有移位功能的寄存器,寄存器中所存的数据能够在移位脉冲的作用下依次左移或右移,既能左移又能右移的称为双向移位寄存器,根据存取信息的方式不同,移位寄存器又分为串入串出、串入并出、并入串出、并入并出 4 种形式。

移位寄存器主要用作临时的数据存储,在微机系统的 CPU 中就用其完成各种临时存储功能。移位寄存器可构成移位形计数器,较典型的有环形计数器和扭环形计数器。移位寄存器也可用来实现各种序列发生器。

2）4 位双向移位寄存器 74194

74194 的引脚排列如图 4.8.1 所示,其功能见表 4.8.1,其中,ABCD 为并行输入端;Q_D、Q_C、Q_B、Q_A 为并行输出端;S_R 为右移串行输入端,S_L 为左移串行输入端;S_1、S_0 为工作模式控制端;$\overline{CLR}$ 为异步清 0 端,CP 为时钟脉冲输入端。

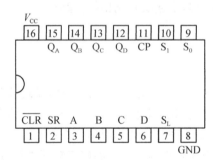

图 4.8.1　移位寄存器 74LS194 引脚排列

表 4.8.1　74194 的功能表

清0	模式		时钟	输入				输出				工作模式
$\overline{CLR}$	S_1	S_0	CP	A	B	C	D	Q_A	Q_B	Q_C	Q_D	
0	Φ	Φ	Φ	Φ	Φ	Φ	Φ	0	0	0	0	异步清0
1	0	0	Φ	Φ	Φ	Φ	Φ	Q_A^n	Q_B^n	Q_C^n	Q_D^n	数据保持
1	0	1	↑	Φ	Φ	Φ	Φ	S_R	Q_A^n	Q_B^n	Q_C^n	同步右移
1	1	0	↑	Φ	Φ	Φ	Φ	Q_B^n	Q_C^n	Q_D^n	S_L	同步左移
1	1	1	↑	a	b	c	d	a	b	c	d	同步置数

4.8.4 实验内容及步骤

1) 测试 4 位双向移位寄存器 74194 的逻辑功能

根据表 4.8.1,测试 4 位双向移位寄存器 74194 的逻辑功能。

2) 用 74194 实现 4 位右移环行计数器

用 74194 实现 4 位右移环行计数器,S_0、S_1、D、C、B、A 由实验箱 $K_1 \sim K_8$ 提供。首先用置数功能将 D、C、B、A 的数据送到 Q_D、Q_C、Q_B、Q_A,然后再将 74194 设置为右移功能,将 74194 的 Q_D 输出送到 S_R,实现右移 4 位环行计数功能。

3) 用移位寄存器实现彩灯控制器

用移位寄存器作为核心元件,设计一个彩灯循环控制器。

要求:4 路彩灯循环控制,组成两种花型,每种花型循环一次,两种花型轮流交替。选择下面两种花型:

花型 1——从左到右顺序亮,全亮后再从左到右顺序灭。

花型 2——从右到左顺序亮,全亮后再从右到左顺序灭。

4.8.5 实验报告

(1) 画出各个电路原理图及接线图,标出元件型号。
(2) 反映完整测试过程,描述实际测出的电路功能。
(3) 分析测试结果。

5 Multisim 在电子信息基础实验中的应用

Multisim 是美国国家仪器(NI)有限公司推出的以 Windows 为基础的仿真工具,适用于板级的模拟/数字电路板的设计工作。它包含了电路原理图的图形输入、电路硬件描述语言输入方式,具有丰富的仿真分析能力。

工程师们可以使用 Multisim 交互式地搭建电路原理图,并对电路进行仿真。Multisim 提炼了 SPICE(集成电路校正的仿真程序)仿真的复杂内容,这样工程师无需懂得深入的 SPICE 技术就可以很快地进行捕获、仿真和分析新的设计,这也使其更适合电子学教育。通过 Multisim 和虚拟仪器技术,PCB 设计工程师和电子学教育工作者可以完成从理论到原理图捕获与仿真,再到原型设计和测试这样一个完整的综合设计流程。

5.1 Multisim14 操作界面

启动 Multisim14,就可以进入 Multisim14 的用户界面,如图 5.1.1 所示。

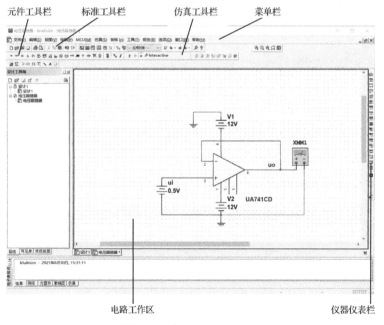

图 5.1.1 Multisim14 用户界面

Multisim14 的用户界面包括以下基本元素：

菜单栏　　　　在菜单栏可以找到所有功能的命令；
工具栏　　　　包括常用的操作命令按钮；
元件工具栏　　包括各种元器件按钮；
仿真工具栏　　提供了仿真开关，可以启动、闭合电路的仿真；
仪器仪表栏　　包括各种仪器、仪表的图标；
电路工作区　　进行电路设计的工作窗口。

5.2　用 Multisim 建立仿真电路

Multisim14 的元件库包含了丰富的元器件，如图 5.2 所示为元件工具栏的图标。从左到右依次是：电源库、基本元件库、二极管库、晶体管库、模拟元器件库、TTL 元器件库、CMOS 元器件库、其他数字元器件、模数混合元器件库、指示器件库、功率元件库、其他元件库、外设元器件库、射频元器件库、机电元件库、NI 元件库、连接器、MCU 元件库、层次块调用库、总线库。详细介绍如表 5.2.1 所示。

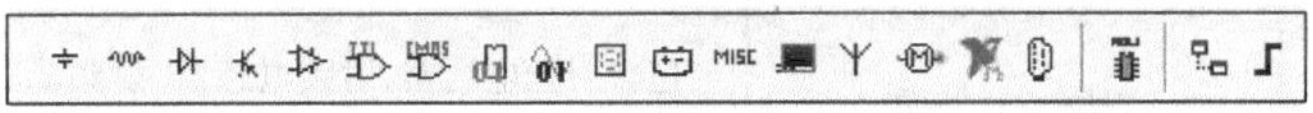

图 5.2.1　元件工具栏图标

表 5.2.1　元件工具栏

图标	名称	功能
	电源/信号源库	包含接地端、直流电源、交流电源、方波、受控电源等多种电源和信号源
	基本元件库	包含电阻、电容、电感、电解电容、可变电容、可变电感、电位器以及各种虚拟元件等
	二极管库	包含虚拟二极管、普通二极管、发光二极管、稳压二极管、单相整流桥、肖特基二极管、晶闸管、双向触发二极管等多种器件
	晶体管库	包含虚拟晶体管、双极性晶体管、场效应晶体管、复合管、热效应管等多种器件
	模拟元件库	包含虚拟模拟集成电路、运算放大器、诺顿运算放大器、比较器、宽频运算放大器、特殊功能运算放大器等器件
	TTL 器件库	包含与门、或门、非门、各种复合逻辑运算门、触发器、中规模集成芯片、74××系列和 74LS××系列等 74 系列数字电路器件

续表 5.2.1

图标	名称	功能
	CMOS 器件库	包含 40××系列和 74HC××系列等多种 CMOS 数字集成电路系列器件
	其他数字元器件	包含 TTL、DSP、FPGA、PLD、CPLD、微处理控制器、微处理器以及存储器件等
	模数混合元器件库	包含混合虚拟器件、555 定时器（TIMER）、ADC/DAC 转换器、模拟开关、多频振荡器等
	指示器件库	包含电压表、电流表、探测器、蜂鸣器、灯泡、虚拟灯泡、十六进制显示器、条形光柱等
	功率元件库	包含
	其他元件库	包含晶振、集成稳压器、电子管、保险丝等
	外设元器件库	包含 KEYPADS、LCDS、TERMINALS、MISC_PERIPHERALS 等
	射频元器件库	包含射频电容器、射频电感器、射频晶体管、射频 MOS 管等
	机电元件库	包含各种开关、继电器、电机等
	NI 元件库	包含各种数据采集器、多路复用器等
	连接器	包含各种常用的连接器
	MCU 元件库	包含常用的 8051、8052、PIC 系列单片机以及 RAM、ROM 等

5.2.1 元器件的操作

1）元器件的选用

选用元器件时，首先在元件工具栏中用鼠标单击包含该元件的元件库的图标，打开该元件库。然后从选中的元件库对话框中，用鼠标单击该元件，再单击"确认"按钮，用鼠标拖曳该元件到电路工作区的适当位置即可。如图 5.2.2 所示，是选择 $C=2200\mathrm{pF}$ 的电容的过程。

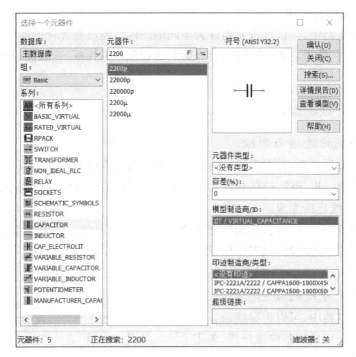

图 5.2.2 选择电容对话框

2) 元器件标签、编号、数值、模型参数的设置

在选中元器件后,双击该元件,或者选择菜单命令编辑→属性会弹出相关的对话框,可供输入数据。元件特性对话框具有多种选项可供设置,包括标签(Label)、显示(Display)、数值(Value)、故障设置(Fault)等。

(1) 标签

标签选项对话框用于设置元器件的标识和编号(Reference ID)。

编号由系统自动分配,必要时可以修改,但必须保证编号的唯一性。注意连接点、接地等元件没有编号。在电路图中是否显示标签和编号可由选项(Options)菜单中的电路图属性(Preferences)对话框设置。

(2) 数值

单击数值选项,出现数值选项对话框,可以设置元件的具体值。

(3) 故障设置

故障设置可供设置元器件的隐含故障。例如在三极管的故障设置对话框中,C、B、E 为与故障设置有关的引脚号,对话框提供漏电、短路、开路、无故障等设置。

(4) 改变元件颜色

在复杂电路中,可以设置元器件为不同的颜色。要改变元件的颜色,首先用鼠标选中该元件,单击右键,再选择颜色选项,出现颜色选择框,然后选择合适的颜色即可。

5.2.2 导线的操作

1) 导线的连接与删除

在两个元件之间,首先将鼠标指向一个元件的端点使其出现小圆点,按下鼠标左键并拖曳出一根导线,拉住导线并指向另一个元件的端点使其出现小圆点,释放鼠标左键,导线连接完成。

连接完成后,导线将自动选择合适的走向,不会与其他元件或仪器发生交叉。

当要删除某连线时,只需用鼠标右键单击该连线,在弹出的对话框中选择"删除"操作即可。

2) 改变导线的颜色

在复杂电路中,可以将导线设置为不同的颜色。用鼠标指向该导线,单击鼠标右键可以出现颜色选择对话框,选择合适的颜色即可。

按照上述过程,选择相关元件,并利用导线将相关元件连接起来,即可搭建虚拟仿真电路,如图 5.2.3 所示,给出了一阶 RC 电路的仿真电路。

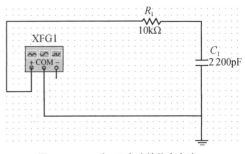

图 5.2.3 一阶 RC 电路的仿真电路

5.3 Multisim 仪器仪表的使用

Multisim 提供了大量的虚拟仪器仪表,这些仪器仪表的设置、使用和读数与真实仪器相似。用虚拟仪器显示仿真结果是检查电路行为最好、最便捷的方式。本节将重点介绍在电子信息基础实验中广泛应用的数字万用表、函数信号发生器、示波器和波特图仪。

1) 数字万用表

数字万用表是一种可以用来测量交直流电压、交直流电流、电阻及电路中两点之间的分贝损耗,自动调整量程的数字显示的多用表。

在仪器仪表栏用鼠标单击"万用表"按钮,鼠标上就附着一个万用表的图标,将鼠标移动到电路窗口合适的位置,单击鼠标左键,即完成万用表的添加,如图 5.3.1 所示。双击万用表,弹出万用表的面板,在面板上可以进行相应选择,完成测量。

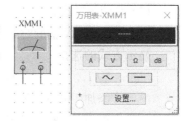

图 5.3.1　数字万用表

2) 函数信号发生器

函数信号发生器是可以提供正弦波、三角波、方波 3 种不同波形的信号的电压信号源。用鼠标双击函数信号发生器的图标,弹出函数信号发生器的面板,可以设置函数信号发生器的输出波形、工作频率、占空比、幅度和直流偏置等,如图 5.3.2 所示。

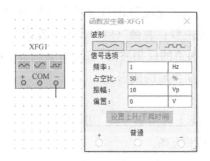

图 5.3.2　函数信号发生器

3) 示波器

示波器是可以直观地观测电信号波形的形状、大小、频率等参数的仪器。用鼠标双击示波器图标,窗口中即出现示波器面板,如图 5.3.3 所示。

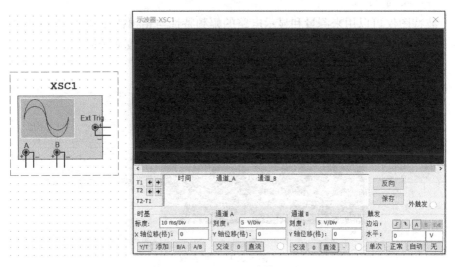

图 5.3.3　示波器

(1) 时间基准设置

标度(Scale):X轴的时间刻度单位;X轴位移(X position):X轴的起始点。

显示方式的选择:

  Y/T X轴显示时间,Y轴显示电压幅值。

  添加(Add) X轴显示时间,Y轴显示A、B通道输入信号之和。

  A/B、B/A X轴和Y轴都显示电压幅值。

(2) 输入通道设置

示波器有两个Y轴输入通道A(Channel A)和通道B(Channel B),其中,

标度(Scale):Y轴刻度单位;Y轴位移(Y position):Y轴的起始位置。

输入耦合方式中有三种:"交流"(AC)表示交流耦合;"0"表示接地,可用于确定零电压在屏幕上的基准位置;"直流"(DC)表示直流耦合。其中B通道的"—"按钮在单独使用时,显示B通道的反相波形,若与时基调节中的"添加(Add)"一起使用,则显示A、B通道$A-B$叠加的波形。

(3) 触发方式设置

边沿(Edge):用于选择上升沿触发或下降沿触发。

水平(Level):触发电平选择。

触发源选择:选择"A"或"B"表示将A通道或B通道的输入信号作为时基扫描的触发信号,默认值为A;选择"Ext"为外触发,由外触发输入信号触发。

触发方式有四种选择:单次(Sing)为单脉冲触发方式;正常(Nor)为一般脉冲触发;自动(Auto)为自动触发方式;一般情况下使用自动触发方式。

4) 波特图仪

波特图仪可以用来测量和显示电路的幅频特性与相频特性,类似于扫频仪,如图5.3.4。用鼠标双击波特图仪,窗口中即可出现波特图仪显示面板。

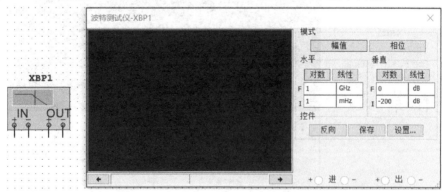

图5.3.4 波特图仪

波特图仪有 IN 和 OUT 两对端口：其中 IN 端口的"＋"和"－"分别接电路输入端的正端和负端；OUT 端口的"＋"和"－"分别接电路输出端的正端和负端。使用波特图仪时，必须在电路的输入端接入交流信号源。

用波特图仪测量时，单击幅值(Magnitude)按钮显示幅频特性曲线；单击相位(Phase)按钮显示相频特性曲线；单击反向(Reverse)按钮改变屏幕背景的颜色；单击保存(Save)按钮保存测量结果；单击设置(Set)按钮设置扫描的分辨率，数值越大精度越高。

水平(Horizontal)坐标和垂直(Vertical)坐标可以选择的类型有对数(Log)和线性(Lin)，I 和 F 分别用来设置坐标起点值和坐标终点值。水平坐标表示信号频率的测量范围，垂直坐标表示信号增益或相位的测量范围。

要得到特性曲线上任意点频率、增益或相位差，可用鼠标拖动读数指针(位于波特图仪中的垂直光标)，或者用读数指针移动按钮来移动读数指针到需要测量的点，读数指针与曲线的交点处的频率、增益或相位角的数值显示在读数框中。

5.4　Multisim 电路分析方法

5.4.1　基本分析功能

Multisim 提供了多种分析功能。用鼠标单击菜单栏中的 Analysis and simulation，即可弹出分析菜单，列出了所有的电路分析类型。

1) 直流工作点分析(DC Operating Point Analysis)

直流工作点分析确定电路的直流工作点。DC 分析的结果常常是进一步分析的中间值，例如 DC 分析的结果决定用于 AC 分析中像二极管、三极管等非线性元件的线性化小信号的近似模型。在进行直流工作点分析时，假定交流信号源置零、电容开路、电感短路、数字元件当作接地的大电阻。

2) 交流分析(AC Sweep Analysis)

交流分析用来计算线性电路的频率响应。在 AC 分析中，首先计算直流工作点以获得所有非线性元件的线性化、小信号模型，然后建立矩阵方程。

3) 瞬态分析(Transient Analysis)

瞬态分析计算电路的时域响应，给出电路节点在整个周期中每一时刻的电压波形。在瞬态分析中，直流源保持恒定值，交流源随时间变化，电容和电感采用能量储存模型。

4）直流扫描分析(DC Sweep Analysis)

直流扫描分析计算直流电源在不同取值时的直流工作点。

5）单频交流分析(Single Frequency AC)

单频交流分析的工作原理类似于交流扫描，但只计算一个频率的结果。它以表格形式在记录仪器中报告输出的幅度/相位或实/虚分量。

6）参数扫描分析(Parameter Sweep Analysis)

参数扫描分析是分析在一定变化范围内元件参数变化对电路性能的影响。主要有以下分析类型：直流工作点分析、交流分析、单频扫描分析、瞬态分析和嵌套扫描等。

7）噪声分析(Noise Analysis)

噪声分析是分析噪声对电路性能的影响。

8）蒙特卡罗分析(Monte Carlo Analysis)

蒙特卡罗分析是一种统计分析方法，研究元件特性的变化对电路性能的影响，可以进行 AC、DC 或瞬态分析。蒙特卡罗分析方法运行多次仿真，每次仿真元件参数都按照用户指定的分布类型、在指定的容差范围内随机地取值。

9）傅里叶分析(Fourier Analysis)

傅里叶分析是一种分析复杂周期信号的方法。它可将周期信号分解为直流、和不同频率的正弦、余弦信号的和，以分析其频域特性。分析要求基频为交流源的频率或多个交流源频率的最小公因数。傅里叶分析产生傅里叶电压幅频特性图和相频特性图，幅度图可以是柱形图，也可以是线性图。

10）温度扫描分析(Temperature Sweep Analysis)

温度扫描分析运行一系列底层分析，例如直流或瞬态分析等，以检验在不同温度下的电路性能。

11）失真分析(Distortion Analysis)

失真分析用于分析在瞬态分析期间可能不明显的信号失真。信号失真通常是由电路中的增益非线性或相位偏移引起的。

12）灵敏度分析(Sensitivity Analysis)

灵敏度分析用来分析输出对输入变量的敏感程度。此分析有效地返回输出相对于输入的导数。这种分析的工作原理是对输入进行很小的扰动，并分析对输出的影响。

13）最坏情况分析(Worst Case Analysis)

最坏情况分析是一种统计分析，可以探究元件参数的变化给电路性能带来的最坏影响。

14) 噪声系数分析(Noise Figure Analysis)

噪声系数分析测量器件的噪声。对于晶体管来说,这种分析是测量晶体管在放大过程中加到信号中的噪声多少的一种度量。

15) 极-零点分析(Pole Zero Analysis)

极-零点分析计算电路系统函数的极点和零点,以确定电路系统的稳定性。

16) 转移函数分析(Transfer Function Analysis)

转移函数分析计算电路的直流小信号转移函数,也计算电流的输入输出阻抗。转移函数分析的结果给出显示输出信号与输入信号的比值、输入源节点的输入电阻和输出电压节点的输出电阻的图表。

17) 布线宽度分析(Trace Width analysis)

布线宽度分析计算电路中在任一导线上通过有效值电流需要的最小布线宽度。流过导线的电流会引起导线温度的升高。温度和电流之间的关系是一个电流、布线宽度和厚度的非线性函数。

18) 批处理分析(Batched Analyses)

批处理分析可以将不同的分析或同一分析的不同实例批处理在一起,以便按顺序执行。

19) 用户自定义分析(User Defined analysis)

用户自定义分析允许手动加载 SPICE 卡或网络列表,并键入 SPICE 命令,使用户可以更自由地调整模拟。

5.4.2 分析方法

下面对在电子信息基础实验中常用的 3 个分析方法进行详细介绍。

1) 直流工作点分析(DC Operating Point Analysis)

在进行直流工作点分析时,电路中的交流源将被置零,电容开路,电感短路。利用鼠标从菜单栏中选择直流工作点分析(DC Operating Point Analysis),即可打开直流工作点分析对话框,如图 5.4.1 所示。

直流工作点分析对话框有 Output Variables(输出变量)、Miscellaneous Options 和 Summary3 个选项,分别介绍如下。

(1) Output Variables 对话框

用来选择需要分析的节点和变量。左边的 Variables in circuit 栏中列出电路的输出变量。单击窗口中的下拉箭头按钮,可以选择的变量类型有 Voltage and current(电压和电流)、Voltage(电压)、current(电流)、Circuit parameters(电路参数)以及 All variables(所有变量)等。

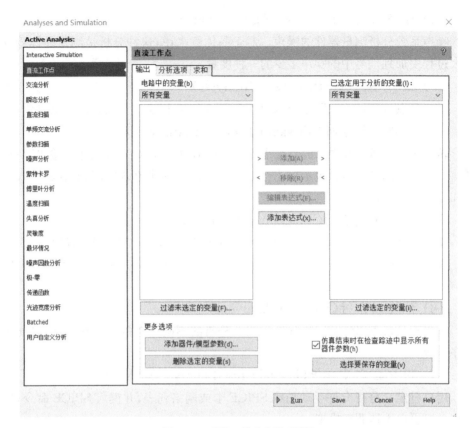

图 5.4.1　直流工作点分析对话框

右边 Selected variables for(已选定用于分析的变量)栏中列出的是需要分析的变量。从左栏中选择一个或多个变量,单击 Add(添加)按钮,变量即出现在右栏中。

输出选项标签用来选择需要分析的节点和变量。在电路中的变量中选择要分析的变量,添加到已选定用于分析的变量。

(2) Miscellaneous Options 对话框

Miscellaneous Options 对话框用来设定各项分析参数,通常分析不需进一步的干涉,建议各参数使用默认值。

(3) Summary 对话框

在 Summary 对话框中,给出了所有设定的参数和选项,用户可以检查确认所要进行的分析设置是否正确。

各项参数设置完成后,单击 Simulate 进行仿真分析,即可在 Analysis Graphs 分析图形窗口中显示出分析结果,如图 5.4.2 所示。

图 5.4.2　直流工作点分析结果

2) 交流分析(AC Analysis)

交流分析用于分析电路的频率特性。需先选定被分析的电路节点,在分析时,电路中的直流源将自动置零,交流信号源、电容、电感等均处在交流模式,输入信号设定为正弦信号。

用鼠标单击 Simulate→Analysis→AC Analysis,将弹出 AC Analysis 对话框,进入交流分析状态。在 Frequency Parameters 标签设置 AC 分析的频率参数。大多数情况下,只需设置 Start Frequency(FSTART)(扫描开始频率)和 Stop Frequency(FSTOP)(扫描结束频率)。另外还可设置 Sweep type(扫描类型):decade(10 倍频)、octave(8 倍频)以及 linear(线性);Number of points per decade(每 10 倍频的计算点数);Vertical scale(纵坐标刻度形式):linear(线性)、logarithmic(对数)、decibel(分贝)和 octave(8 倍程)。

在 Output Variables(输出变量)标签中选择输出节点进行分析。

参数设置完成后单击 Simulate 即得到仿真结果,如图 5.4.3 所示。

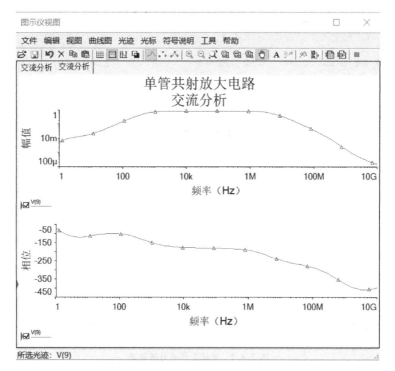

图 5.4.3 交流分析结果

3) 傅里叶分析(Fourier Analysis)

傅里叶分析方法用于分析一个时域信号的直流分量、基频分量和谐波分量。即对被测节点处的时域变化信号进行傅里叶变换,求出它的频域变化规律。在进行傅里叶分析时,必须首先选择被分析的节点,一般将电路中的交流激励源的频率设定为基频,若在电路中有几个交流源时,可以将基频设定在这些频率的最小公因数上。

用鼠标单击 Simulate→Analysis→Fourier Analysis,将弹出 Fourier Analysis 对话框,进入傅里叶分析状态。

在 Analysis Parameters 标签中设置分析参数:Frequency resolution(Fundamental frequency)设置基频,单击 Estimate 系统自动设置;Number of harmonics:设置谐波次数;Stopping time for sampling(TSTOP)取样停止时间,单击 Estimate 系统自动设置;单击 Edit transient analysis 进行瞬态分析参数设置;选中 Display as bar graph 以线条图显示结果。

在 Output variable 标签中选择要进行傅里叶分析的输出节点进行分析。单击 Simulate 进行仿真,结果如图 5.4.4 所示。

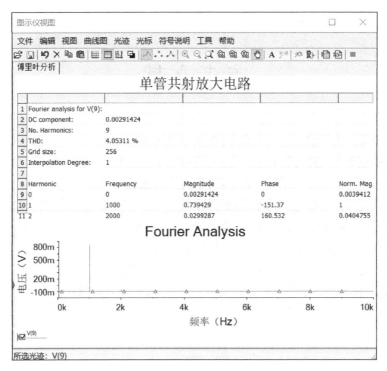

图 5.4.4　傅里叶分析结果

参考文献

[1] 朱莹等. 电子信息基础. 北京:机械工业出版社,2021.
[2] 刘景夏等. 电路分析基础. 北京:清华大学出版社,2012.
[3] 贾永兴等. 信号与系统. 北京:清华大学出版社,2021.
[4] 华成英等. 模拟电子技术基础(第5版). 北京:高等教育出版社,2015.
[5] 阎石等. 数字电子技术基础 第六版. 北京:高等教育出版社,2016.
[6] 马艳等. 电路基础实验. 北京:机械工业出版社,2020.
[7] 龚晶等. 信号与系统实验. 北京:机械工业出版社,2017.
[8] 陈军,孙梯全. 电子技术基础实验. 南京:东南大学出版社,2013.